BIBLIOTHÈQUE DE PHILOSOPHIE CONTEMPORAINE

L'INTELLIGENCE ET LE RYTHME

DANS LES

MOUVEMENTS ARTISTIQUES

PAR

MARIE JAËLL

L'ÉDUCATION DE LA PENSÉE
ET LE MOUVEMENT VOLONTAIRE
LE TOUCHER MUSICAL
LE TOUCHER SPHÉRIQUE
ET LE TOUCHER CONTRAIRE

AVEC 29 FIGURES DANS LE TEXTE

PARIS

FÉLIX ALCAN, ÉDITEUR

ANCIENNE LIBRAIRIE GERMER BAILLIÈRE ET Cⁱᵉ

108, BOULEVARD SAINT-GERMAIN, 108

1904

L'INTELLIGENCE ET LE RYTHME

DANS

LES MOUVEMENTS ARTISTIQUES

DU MÊME AUTEUR

A LA MÊME LIBRAIRIE .

La musique et la psycho-physiologie. 1 volume in-16 de la
Bibliothèque de philosophie contemporaine, 1896. **2 fr. 50**

Le toucher. Enseignement du piano basé sur la physiologie.
3 volumes (Costallat et Cⁱᵉ, éditeurs).

Tome I. -- *Exercices progressifs du Toucher* (avec
72 figures). . . . . **10 fr. »**

Tome II. — *Le Toucher élémentaire appliqué aux morceaux*
avec 44 figures) . . . . **10 fr. »**

Tome III. — *Le Toucher harmonisé appliqué aux morceaux*
(avec 71 figures). . . . . **10 fr. »**

Supplément aux Exercices progressifs du Toucher (avec
6 figures) . . . . **4 fr. »**

Supplément à l'Enseignement du Toucher, appliqué aux
morceaux (avec 6 figures) . . . . **4 fr. »**

L'INTELLIGENCE ET LE RYTHME

DANS LES

MOUVEMENTS ARTISTIQUES

PAR

MARIE JAËLL

L'ÉDUCATION DE LA PENSÉE
ET LE MOUVEMENT VOLONTAIRE
LE TOUCHER MUSICAL
LE TOUCHER SPHÉRIQUE
ET LE TOUCHER CONTRAIRE

AVEC 29 FIGURES DANS LE TEXTE

PARIS

FÉLIX ALCAN, ÉDITEUR

ANCIENNE LIBRAIRIE GERMER BAILLIÈRE ET Cie
108, BOULEVARD SAINT-GERMAIN, 108
—

1904

L'INTELLIGENCE ET LE RYTHME

DANS

LES MOUVEMENTS ARTISTIQUES

PREMIÈRE PARTIE

L'ÉDUCATION DE LA PENSÉE ET LE MOUVEMENT VOLONTAIRE

CHAPITRE PREMIER

L'EFFORT MENTAL DANS LE MOUVEMENT ARTISTIQUE

Les propriétés des mouvements artistiques.

Si aujourd'hui *l'art paraît une force mystérieuse*, c'est parce qu'on le considère indépendamment de la science destinée à en démontrer la complexité cachée, étroitement reliée au mécanisme de nos fonctions mentales. A mesure que la science dévoilera le secret des mouvements artistiques, on reconnaîtra d'une façon de plus en plus évidente l'unité de la science et de l'art.

Nos définitions de *l'éducation artistique* des mouvements tendent déjà à prouver que *le mouve-*

*ment a, comme la matière, des propriétés, et que
si d'une part les mouvements s'identifient matériellement avec les organes par lesquels ils sont
exécutés, d'autre part leurs propriétés s'identifient
avec l'activité cérébrale qui en commande et en
règle l'exécution.*

C'est en raison de cette cérébralité qu'il est susceptible d'acquérir, que le mouvement volontaire est
destiné à devenir une science, et cette science exer-
cera l'influence la plus décisive sur l'évolution de
l'éducation et, par conséquent, sur l'évolution de
l'activité mentale.

Déjà, par les résultats obtenus au moyen des le-
çons de choses, on s'est rendu compte des services
que le mouvement volontaire, adapté à la signification de certains mots, peut rendre dans l'éducation
de l'enfant. On a constaté que le mouvement fait
penser l'enfant, tandis que le mot peut n'éveiller aucune idée correspondante malgré sa répétition réitérée, souvent même peut-être à cause de sa répétition réitérée.

Du reste, le mouvement lui-même, aussi bien que
le mot, peut être stérilisé, on pourrait dire profané
par sa répétition réitérée que l'on impose dans l'enseignement des instruments de musique, Là, durant
de longues heures, on développe fatalement le mécanisme des doigts au détriment du mécanisme de la
pensée. Ces procédés répréhensibles provoquent une
espèce de mémoire automatique des mouvements
qui entrave le développement de la pensée, de la
même façon que la mémoire automatique des mots
imposée dans les études scolaires.

Cette mécanisation nuisible de la mémoire des mouvements et de la mémoire des mots semble tirer son origine d'une époque antiscientifique lointaine, où l'affinement progressif de l'activité fonctionnelle et des perceptions sensorielles n'était pas encore considéré comme un phénomène corrélatif du développement de l'intelligence.

Comme nous l'expliquerons plus loin, non seulement on ne doit pas faire de mouvements sans penser, mais on doit apprendre à penser les mouvements avant d'être à même de les exécuter dans les conditions voulues. Entre le mouvement artistique et le mouvement antiartistique, entre le mouvement créateur et le mouvement impuissant, il existe une différence essentielle : l'un est pensé, l'autre ne l'est pas. La pensée transforme le mouvement parce qu'elle lui donne les propriétés d'où émanent sa force d'expression, sa vie.

Dans l'éducation des mouvements volontaires artistiques, le premier rôle ne doit donc plus revenir au mécanisme des mouvements des doigts, mais au mécanisme des fonctions mentales qui déterminent les rapports à établir dans l'exécution des mouvements. L'éducation essentielle réside dans le calcul de ces rapports, et non dans les mouvements exécutés par les doigts.

L'effort intellectuel nécessaire pour apprendre à gouverner ses mouvements de façon à leur communiquer toutes les propriétés artistiques doit donc tenir la première place dans l'éducation des mouvements volontaires dont il s'agit ici. La valeur des mouvements réside dans la pensée qui les anime, et cette pensée doit être à la fois puissante par sa complexité et sa continuité.

L'élève ne peut apprendre à penser, à agir, à mesurer, à calculer musicalement par l'étude des mouvements volontaires que si, par un effort considérable, son esprit dépense plus d'activité que ses doigts. Et cet effort n'est nullement disproportionné avec la courte dose d'attention que l'enfant est capable de déployer.

En général, on ne se rend pas compte des aptitudes de l'enfant; au lieu de lui enseigner des choses toutes faites, on peut lui décrire leur mécanisme de façon à mettre sa pensée en marche, lui expliquant que ce qu'il doit apprendre à faire est composé de différentes choses qu'il doit faire simultanément.

Avant qu'un mouvement puisse s'exécuter dans de bonnes conditions, il faut trouver moyen de maintenir en mouvement la pensée qui doit le faire exécuter.

On ne pense qu'en variant sans cesse les éléments pensants partiels qui font naître la pensée, ce que nous considérons comme *une* pensée se compose déjà d'une foule d'éléments pensants différents, et le secret de l'éducation de l'enfant réside dans ces éléments pensants différents; il faut savoir les provoquer, afin qu'il apprenne à penser.

Du reste, le problème des mouvements artistiques est résolu nécessairement par les commençants sous une forme moins complexe que par ceux à qui l'éducation a déjà donné une conscience supérieure. Mais, quel que soit le degré de perfectionnement acquis, le principe initial de l'étude reste le même : il consiste à apprendre à penser par la main, à penser par le calcul des sensations différenciées qu'on s'applique à provoquer au moyen des attitudes et des mouvements.

Si, comme cela est probable, on ne pense qu'imparfaitement ce qu'on ne peut arriver à faire soi-même en le voyant faire aux autres, c'est que tout perfectionnement fonctionnel acquis doit correspondre à un état de conscience supérieur. A chaque perfectionnement du mécanisme manuel correspondra un perfectionnement équivalent du mécanisme mental.

Il s'agit, en somme, de former une espèce de décentralisation de la pensée ; au lieu de croire que la pensée est dans la tête, on croira qu'elle est dans la main et dans la tête. C'est déjà un progrès puisque, à vrai dire, il y a une parcelle de pensée partout où il y a sensation ; apprendre à mieux sentir par sa main, c'est apprendre à mieux penser.

Dans la première partie de cet ouvrage nous exposerons sommairement les principes élémentaires nouveaux par lesquels l'étude du piano est transformée en un travail surtout intellectuel ; celui-ci non seulement augmente la valeur du temps consacré à l'étude parce qu'il abrège considérablement la durée du travail, mais il permet aussi à tous d'apprendre ce qui est considéré comme le privilège de quelques élus : le toucher musical, le jeu harmonieux et la vérité artistique.

Les propriétés artistiques des mouvements qu'il s'agit d'acquérir correspondent donc à l'effort intellectuel dépensé dans l'étude des mouvements.

Ce travail intellectuel est tout d'abord entravé par l'inconscience manuelle.

L'inconscience manuelle.

Nous avons dit qu'il faut apprendre à penser les mouvements que la main doit exécuter. Mais, avant d'apprendre à penser ces mouvements, il faut apprendre à sentir sa main. Les sensations peuvent se diviser en deux groupes principaux :

Les sensations d'arrêt de mouvements ;

Les sensations de mouvements.

Cette inconscience manuelle dont nous sommes affligés nous empêche de diriger nos doigts indépendamment les uns des autres.

Sous ce rapport, l'impuissance est si complète qu'elle devient presque incompréhensible pour ceux qui savent qu'en réalité, dans l'étude du piano, il suffit de se représenter mentalement avec netteté les mouvements à exécuter et à arrêter, pour être aussitôt à même de les exécuter et de les arrêter réellement, malgré la complexité des fonctions tactiles mises en jeu.

Devant notre incapacité d'action, nous sommes forcés de reconnaître qu'en réalité nous ne savons pas agir, parce que nous ne savons pas penser.

Le premier effort de l'éducation consiste donc à apprendre à sentir notre main dont la destination est si supérieure à celle à laquelle notre inconscience la réduit. Mais, malheureusement, nous la sentons aussi peu, par rapport à ce que nous voulons lui faire faire, que par rapport à ce que nous ne voulons pas qu'elle fasse.

L'avance inconsciente des mouvements.

Non seulement, chez les pianistes, les mouvements de la main gauche ont en principe une avance involontaire sur ceux de la main droite, mais, dans les deux mains, le mouvement de chaque doigt a une avance sur la pensée. Avant que nous ayons l'idée précise d'un mouvement à faire, ce mouvement est déjà commencé; cette avance est d'autant plus considérable que les sensations manuelles sont moins développées. Chaque mouvement exécuté par un doigt nécessite donc un effort préalable d'arrêt de mouvement, en vue de relier le mouvement au commandement cérébral.

La tension statique des muscles, loin de pouvoir être considérée dans l'éducation artistique comme une force au repos, fournit précisément l'effort initial qui rend cette éducation possible.

Les mouvements qui restent sous le contrôle intermittent de la pensée. — Les mouvements qui restent sous le contrôle continu de la pensée.

Quant aux mouvements des doigts et des bras, ils offrent deux caractères distincts :

1° Le mouvement à vitesse maxima, qui ne reste que sous le contrôle intermittent de la pensée; il ne s'applique qu'à l'abaissement du doigt qui transmet la pression à la touche;

2° Le mouvement à vitesse graduée qui reste sous le contrôle continu de la pensée ; il s'applique au toucher lui-même et au relèvement du doigt après le toucher, ainsi qu'à tous les mouvements exécutés au-dessus du clavier par la main et par le bras[1].

La vitesse maxima de l'abaissement du doigt et le contrôle intermittent de la pensée. — Dans chaque abaissement d'un doigt, il s'agit de réduire au minimum le temps qui s'écoule entre le commandement du mouvement et l'exécution, ou l'émission du son. Le doigt étant préalablement maintenu fixe à une certaine hauteur au-dessus de la touche qu'il doit enfoncer, la pensée ne doit pouvoir ni ralentir, ni arrêter le doigt pendant la durée de son trajet. Une fois le doigt lancé, elle perd tout contrôle, jusqu'au moment où le toucher s'effectue.

Vitesse maxima avec élimination de la pesanteur. — Mais l'influence de cette vitesse maxima communiquée à l'abaissement du doigt ne devient artistique que si une partie du poids, que le mouvement a acquis pendant son trajet, est éliminée au moment où le toucher se réalise. Ce poids doit être transformé, grâce au changement de

---

1. Avant d'aborder la définition de ces mouvements artistiques, établissons qu'ils correspondent en quelque sorte à une force neuve agissant à la fois sur le timbre de la sonorité et sur la valeur esthétique du jeu. Cette force neuve est analysée surtout par rapport à ses résultantes artistiques et leur corrélation avec la complexité des sensations d'attitudes et de mouvements provoquées chez l'exécutant. Donc, si nous disons que le mouvement transmet du poids, ou élimine du poids, c'est parce que tous les mouvements très rapides exécutés sans sensation d'éliminer du poids ne produisent qu'un son sec et sourd; au contraire dès qu'on procède de façon à avoir la sensation d'éliminer une partie du poids, le son devient à la fois fort, vibrant et bien timbré.

direction communiqué au mouvement au moment
où le doigt se pose sur la touche, au moment où
il la sent, en vue de rendre le toucher élastique.

De même que l'oiseau, au moment de se poser sur
la branche, atténue le mouvement de ses ailes afin
d'éviter un choc, l'élève doit, lui aussi, éviter le choc
entre le doigt et la touche, mais par un autre pro-
cédé. Cette élasticité peut être obtenue, en effet,
dès le début de l'étude si, au lieu de maintenir
le doigt fixe pendant la durée du toucher, on
transforme le toucher lui-même en un mouvement
qui reste sous le contrôle continu de la pensée, au
moyen d'un glissé réalisé en allant du fond vers le
bord de la touche pendant toute la durée du son.

*Le toucher transformé en mouvement qui reste
sous le contrôle continu de la pensée.* — La vitesse
maxima de l'abaissement du doigt est donc transformée en un toucher élastique par le glissé exécuté
en allant du fond vers le bord de la touche pendant
la durée du son. Cette élasticité, attribuée au mouvement, correspond à un phénomène cérébral par
lequel tout mouvement contrôlé peut être sans
cesse, ou *accéléré*, ou *retardé*, ou *arrêté*.

Il faut dire que dans l'étude habituelle du piano où
le doigt est maintenu immobile pendant qu'il tient
la touche enfoncée, cet arrêt du mouvement du
doigt entrave le développement de la mémoire musicale, parce qu'il arrête le mouvement de la pensée.
On ne se doute pas, il est vrai, de cette coïncidence !

Donc, au lieu d'introduire dans l'attaque trois éléments différents: l'abaissement, l'arrêt, le relèvement, nous réunissons ces trois actions, plus ou

moins contraires, en un seul mouvement circulaire comprenant trois phases :

1re phase : Abaissement pendant lequel le doigt est graduellement allongé.

2e phase : Glissé pendant lequel le doigt est graduellement fléchi.

3e phase : Relèvement pendant lequel le doigt est graduellement remis en demi-flexion, c'est-à-dire dans sa position initiale.

Courbes tracées au-dessus du clavier (mouvements qui restent sous le contrôle continu de la pensée). —

Si la pesanteur doit être éliminée de l'abaissement du doigt, elle doit l'être à plus forte raison de l'abaissement du bras chaque fois que la main est maintenue, avant l'attaque, à une certaine hauteur au-dessus du clavier.

C'est encore à la pensée que revient la tâche de rendre légers tous les mouvements du bras :

1° En transformant une partie du poids qui se transmettait à la touche par le ralentissement graduel communiqué à l'abaissement du bras comme si celui-ci était retenu en l'air par une attraction opposée à celle qui le fait tomber ;

2° En transformant le toucher fixe en un toucher mouvant et élastique ;

3° En transformant, pendant la période de relèvement, la sensation de pesanteur du bras au moyen d'une accélération graduelle du mouvement, comme si le bras, malgré sa pesanteur, se sentait attiré en l'air.

Mais ce mécanisme de la pensée doit se dérouler à la fois dans l'espace et dans le temps.

CHAPITRE II

LE ROLE DE L'ESPACE ET DU TEMPS DANS L'ESTHÉTIQUE DES MOUVEMENTS ÉLÉMENTAIRES

La fusion de l'espace et du temps dans la pensée du musicien.

On admet en principe qu'une œuvre musicale se déroule dans le temps, mais ne peut pas se dérouler dans l'espace; et cependant l'idée de l'espace est si inséparablement liée à mes facultés auditives que je serais tenté de croire que les sons, sous l'action d'influences inconnues, sont compressibles et dilatables; en effet, quelque chose est changé si l'on entend la même œuvre exécutée dans un milieu différent par les mêmes musiciens.

Je me souviendrai toujours des chœurs *a capella* que j'ai entendu chanter dans la cathédrale de Bâle par des écoliers de choix, il y a nombre d'années. Comment concevoir cette pureté extraordinaire du timbre des voix, ce fondu merveilleux des nuances, sans ces voûtes et ces dimensions de l'édifice, sans cette masse d'auditeurs s'ajoutant à cette masse de pierres des murailles? Du reste, n'importe où je me trouve, quand j'entends de belle musique, j'ai l'impression que l'espace dans lequel je suis placée vibre polyphoniquement, et à cette impression se joint une vague représentation visuelle de vibrations que je crois voir, parce que je sais qu'elles existent.

Je suis donc amenée par mes impressions personnelles à admettre qu'une œuvre musicale se déroule à la fois dans l'espace et dans le temps. D'ailleurs, bon nombre des propriétés des mouvements qui me paraissent transmissibles à travers l'espace restent aussi invisibles pour nous que les ondes sonores, mais n'en constituent pas moins un état de conscience qui est en rapport avec le timbre de la sonorité et les conceptions esthétiques de l'interprétation.

Le clavier divisé en espace à trois dimensions servant de champ d'action à la pensée.

Comme chacun le sait, tandis que seules les cordes de l'instrument varient de dimensions selon la hauteur des sons, les touches conservent des dimensions égales. Pour la pensée du pianiste, l'écart des intervalles musicaux correspond donc au plus ou moins d'écartement des touches et, par conséquent, à l'écart respectif plus ou moins grand qu'il doit communiquer à ses doigts dans l'exécution des intervalles.

Mais en dehors de l'écart des touches auquel les attitudes des doigts doivent s'adapter, l'étendue du clavier sert de champ d'action à la pensée par rapport à la forme et aux dimensions des mouvements exécutés au dessus du clavier par les bras. Cet espace supplémentaire qui doit rentrer dans la mentalité de l'élève est, comme celui se rapportant à la longueur des touches, des plus suggestifs, des plus puissants, pour maintenir la pensée en marche.

La totalité de ce champ d'action mental, délimité dans l'espace, s'étend à peu près à 113 centimètres pour la largeur du clavier, sur 15 centimètres pour la longueur des touches, et à 30 à 40 centimètres en hauteur pour l'espace supplémentaire.

C'est donc en trois directions différentes que le calcul des mouvements doit se faire : à l'aide de ce calcul, le déroulement des mouvements doit s'opérer comme si le clavier, aussi bien que l'espace supplémentaire en hauteur, était rendu divisible en un quadrillé cubique à divisions minuscules servant de trame à la marche de la pensée : grâce à cette fusion de la division de l'espace et de la division du temps, le pianiste arrive à tracer des graphiques dont l'écriture musicale règle en quelque sorte la forme et la durée.

Notons en passant que dans l'étude habituelle du piano, l'enseignement ne s'étend, en dehors de l'abaissement et du relèvement du doigt par lequel la touche est enfoncée et relevée, qu'à un seul espace : *la largeur*. Dans ces conditions, l'absence des phénomènes mentaux chez l'élève s'explique d'elle-même.

Divisibilité de l'espace et du temps au moyen du calcul des mouvements.

L'unité du temps doit apparaître à la pensée de l'élève à travers la divisibilité multiple des mouvements, comme l'unité des mouvements doit lui apparaître à travers la divisibilité multiple du temps. C'est à cette condition que sa pensée restera en marche pendant l'étude et, par suite, qu'un état de conscience artistique se formera.

C'est grâce à l'emploi des mouvements qui restent sous le contrôle continu de la pensée que la vitesse d'un mouvement peut toujours, comme elle le doit, être mise en accord, par un calcul proportionnel, avec la durée totale assignée au mouvement. C'est parce que ce contrôle nécessite un effort de pensée continu qu'on peut arriver à adapter le rythme d'un glissé à la durée du son qu'il doit transmettre, le rythme d'une courbe tracée au-dessus du clavier à la durée du silence dont elle est l'image figurée.

Le mouvement contrôlé qui permet d'établir la fusion la plus intime entre la division de l'espace et celle du temps devrait non seulement servir de base à l'enseignement du piano, mais aussi à l'enseignement de tous les instruments de musique.

Cet enseignement fait constater qu'il n'y a, pour ainsi dire, pas de limites au perfectionnement à acquérir dans la divisibilité de l'espace par rapport à la forme et à la durée des mouvements artistiques. Car par l'affinement progressif des sensations et des mouvements, la pensée divise l'espace à travers des *quadrilles* de plus en plus serrés, de sorte que l'espace, par la progression de la divisibilité, paraît s'affiner indéfiniment pour la pensée qui gouverne les mouvements, comme les mouvements paraissent s'affiner indéfiniment par la finesse croissante des sensations qu'ils provoquent.

L'éducation du mouvement artistique chez l'enfant et chez l'adulte.

Son aptitude si spéciale pour la coordination des mouvements assure à l'enfant une supériorité incontestable sur l'adulte. Sa volonté exerce une action plus immédiate sur ses organes, car c'est précisément dans la main de l'enfant que *l'arrêt* et *le mouvement* se localisent, avec une facilité surprenante, de la manière la plus variée. On peut dire que, dans l'étude du piano, la précision rigoureuse des attitudes et des mouvements semble chose toute naturelle à l'enfant si, dès le début, on empêche l'idée de désordre de naître, en lui enseignant les moyens par lesquels l'ordre peut s'établir.

A l'adulte, au contraire, on a beau indiquer ces mêmes moyens; sans un effort considérable et prolongé, ils sont hors de sa portée. Chez lui, l'affinement fonctionnel que la main est susceptible d'acquérir a été entravé en partie par les adaptations journalières dans lesquelles les attitudes et les mouvements ne subissent que des différences grossières. Sous l'influence de ces habitudes acquises, sa main ressemble plus à une pince à deux branches qu'à un compas formé par cinq branches capables de positions et de mouvements divers, tels que la nature a constitué la main. Cet automatisme rudimentaire correspond en réalité à une véritable dégradation du mécanisme manuel, qui rend ensuite très malaisée la mise en jeu de combinaisons affinées en rapport avec un état de conscience artistique.

Cette supériorité de l'enfant dans l'éducation manuelle, devrait attirer l'attention des éducateurs; elle doit correspondre à une supériorité dans l'éducation intellectuelle; peut-être sait-on aussi peu en tirer profit pour le développement de son intelligence qu'on ne tire habituellement profit de ses aptitudes fonctionnelles admirables, en faveur de son développement artistique.

La richesse de ses germes fait que l'enfant est incompris. Nous cherchons à lui communiquer notre savoir personnel au lieu de lui montrer comment, par ses propres ressources, il peut se faire un savoir personnel. On peut dire que ces germes forment par avance un savoir inconscient auquel toute son éducation doit être rattachée. C'est en apprenant à l'enfant à se connaître lui-même qu'on doit lui faire connaître tout ce qui est en dehors de lui.

Il ignore les ressources artistiques de sa main, mais il les utilise dès qu'on lui démontre la liberté d'action qu'elles lui donnent. S'il exécute d'abord quelques mouvements mal adaptés sur le clavier, ils lui semblent malaisés, les touches lui paraissent lourdes à enfoncer ; mais dès qu'on lui démontre qu'il peut, pendant qu'il fait mouvoir un doigt, arrêter les mouvements des autres doigts et ainsi acquérir une grande facilité dans l'exécution de tous les mouvements, il est convaincu, aussitôt qu'il a constaté le fait pratiquement.

Un état de conscience nouveau s'est formé chez lui dès qu'il a senti l'avantage qui résulte du fait de ne mouvoir à la fois qu'un seul doigt en maintenant les autres fixes ; cet état de conscience correspond à la faculté de penser simultanément le mouvement conscient d'un doigt et l'arrêt non moins conscient des autres doigts.

C'est par cette révélation subite de ses aptitudes qu'il apprend à gouverner ses mouvements. Il est donc, dès le début, capable de résoudre certains pro-

blèmes esthétiques du mécanisme artistique ; car
après avoir appris à penser à la fois à l'arrêt et au
mouvement, il apprend ensuite avec non moins de
facilité à penser au caractère différent de l'abaissement et du relèvement d'un doigt ; à la suppression
de la pesanteur par rapport à la vitesse acquise par
le mouvement ; aux fractions de la distance parcou-
rue dans le mouvement par rapport aux fractions
de la durée. Dans cet emploi varié de ses aptitudes,
il fait œuvre d'artiste ; il simplifie ses actions à
mesure que ses sensations deviennent plus complexes ; il utilise ses ressources et se crée un savoir
personnel par le perfectionnement de ses facultés
manuelles et mentales.

CHAPITRE III

L'UNITÉ DES PHÉNOMÈNES CÉRÉBRAUX
DANS L'ESTHÉTIQUE

Les principes esthétiques invariables.

On peut admettre en principe que plus il y a de pensée dans un art, qu'il relève des couleurs, des pierres ou des sons, plus cet art est grand.

On voit, par les définitions précédentes, que le clavier s'adapte admirablement à l'éducation de la pensée, même dans l'étude élémentaire des mouvements, si, grâce à sa division en trois directions distinctes, on oriente la pensée de manière à obtenir un équilibre constant entre les fonctions mentales et les fonctions manuelles.

Cet équilibre est, en somme, une conséquence de la complexité de la pensée ; aussitôt que celle-ci peut être orientée simultanément vers différentes directions sans perdre l'équilibre, les mouvements paraissent simples et faciles. L'accroissement de l'intensité de la pensée, de l'intensité des représentations mentales devant toujours correspondre à la facilité croissante avec laquelle on exécute les mouvements, la pensée semble devenir peu à peu le corps dont le mouvement n'est que l'ombre.

Comment cette faculté d'unir la plus grande dépense mentale aux plus minimes sensations d'effort se manifeste-t-elle dans les autres arts ?

Comment la force de la pensée se change-t-elle en force esthétique dans les beaux arts ?

L'effort mental dans l'architecture.

Que fait un architecte qui doit disposer les bases d'un monument de façon qu'elles supportent le plus facilement possible le poids qu'elles sont destinées à porter ?

Il doit d'une part se représenter le poids, d'autre part la résistance au poids. C'est entre ces deux forces opposées que la pensée édifie son œuvre. Plus elle arrive à nous pénétrer de l'idée que la pesanteur peut ne plus paraître pesante, plus elle aura manifesté les lois de l'esthétique en faisant triompher une propriété de la matière, la résistance, au détriment de l'autre propriété, le poids. L'artiste sera d'autant plus grand que le travail fourni par sa pensée sera mieux révélé par la forme de son œuvre.

L'effort mental dans la peinture et la sculpture.

Que font les artistes qui, devant simuler la réalité par les images, se trouvent ainsi aux prises avec la reproduction de tous les phénomènes de la vie ?

On n'est pas peintre ou sculpteur parce qu'on rend par le pinceau ou le ciseau chaque image, chaque forme telle qu'on la voit; chaque artiste voit dans sa pensée une foule d'autres images qui, comme en un cercle vivant, se rattachent à cette image qu'il veut peindre ou sculpter. L'artiste s'applique à fixer l'instant dans lequel on retrouve cet échange continuel d'images vues dans sa pensée.

Et ce sont ces images différentes qui ont existé dans le cerveau de l'artiste qui, inconsciemment, réapparaissent dans la pensée de celui qui regarde son œuvre ; elles produisent chez lui l'idée de la vie, du mouvement, de l'expression vivante des formes à travers l'image inerte fixée par l'artiste.

Le problème que l'architecte doit résoudre par rapport à la pesanteur et la résistance à la pesanteur, le peintre et le sculpteur doivent le résoudre par rapport à l'inertie et au mouvement. La pierre et la toile sont inertes, mais ils doivent vaincre cette inertie par la sensation de mouvements évoqués dans cette pierre et sur cette toile, comme l'architecte doit vaincre la pesanteur par la résistance à la pesanteur. Ils fournissent ainsi les uns et les autres l'emblème d'une force vivante inhérente à la matière.

L'effort mental dans l'interprétation musicale.

Dans l'éducation musicale, avons-nous dit, les mouvements, même les plus élémentaires, s'identifient matériellement avec les organes par lesquels ils sont exécutés, tandis que leurs propriétés s'identifient avec l'activité cérébrale qui en commande et en règle l'exécution.

Un fait important se présente tout aussitôt à l'esprit. Comme j'ai pu m'en rendre compte, tous les mouvements ne sont pas également *cérébralisables*. Il en existe un dont on pourrait dire qu'il *arrête* la pensée : c'est le mouvement uniforme.

Si l'on analyse attentivement ce qui se passe pendant l'exécution de ces genres de mouvements à vitesse soi-disant uniforme, on constate qu'il se produit, dans les parcours tracés, des arrêts involontaires de la pensée.

L'inertie dans le mouvement uniforme non cérébralisable; le caractère évolutif des mouvements cérébralisables.

Quelque effort qu'on tente, on est incapable de penser sans intermittence un mouvement qu'on cherche à rendre complètement uniforme. Ces arrêts caractéristiques des fonctions mentales indiquent que le mécanisme de la pensée est entravé par le mécanisme qu'on cherche à communiquer au mouvement. Au contraire, dès qu'un mouvement semble se diriger vers un but par une allure légèrement accélérée, la pensée s'identifie avec lui; elle circule librement; le mouvement et la pensée semblent se compléter.

Le même phénomène de fusion peut se retrouver sous l'influence d'un mouvement légèrement ralenti, comme si l'on s'écartait d'un point d'attraction; mais ce ralentissement entraîne en général un amoindrissement graduel d'excitation qui rend plus malaisée l'analyse de la transformation inhérente à ce mouvement.

En réalité le principe esthétique du rythme musical doit se retrouver dans la transformation rythmique constante, inhérente à chaque mouvement artistique, même au moindre. En somme l'action artistique n'est définissable qu'à travers le *mouve-*

ment qui est dans les mouvements exécutés. Si nous avons dit du mouvement contrôlé par la pensée qu'il peut, pendant sa durée, toujours être *accéléré*, *ralenti* ou *arrêté*, c'est que c'est précisément par le principe évolutif du mouvement que le contrôle de ce mouvement est rendu possible. Le mouvement uniforme qui ne se transforme pas, peut donc être considéré comme un mouvement réellement non contrôlable, comme un mouvement inerte, sans signification, sans vie, et identifié avec la force d'inertie que le musicien doit, lui aussi, combattre dans ses fonctions manuelles.

Mais cette force d'inertie qui est dans le mouvement uniforme existe aussi dans la mesure uniforme de l'écriture musicale ; au contraire, comme on le verra par la suite, la transformation rythmique inhérente aux mouvements cérébralisables correspond à la transformation que la pensée du musicien communique aux mesures uniformes de l'écriture musicale.

L'inertie des mesures uniformes de l'écriture musicale. Transformation de cette uniformité par la pensée du musicien.

On peut dire qu'il est aussi impossible de penser dans l'interprétation musicale, à travers des mouvements dont la vitesse reste uniforme, que de penser musicalement à travers les mesures régulières telles que les fixe l'écriture musicale.

Comme chacun le sait, les valeurs des notes, telles que les signes de l'écriture musicale les définissent, ne sont en réalité qu'une approximation conventionnelle, relativement grossière, comparées aux finesses rythmiques variées transmises à ces valeurs par l'artiste qui pense, qui crée.

En définissant l'art musical par des mesures uniformes dont les altérations sont de temps à autre surajoutées par le *ritenuto* et l'*accelerando,* on s'est écarté non seulement de la vérité artistique, mais comme nous voulons le démontrer, on s'est écarté aussi de la vérité physiologique contenue dans les mouvements volontaires de l'artiste qui pense, qui crée, en interprétant une œuvre musicale.

A travers l'élaboration lente de l'écriture musicale, plus on s'est appliqué à mesurer des combinaisons de sons complexes de l'art s'acheminant vers la polyphonie moderne, plus on s'est écarté de la vérité rythmique.

On peut dire qu'aussi longtemps que la musique est restée simple par la forme, le principe rythmique est resté complexe. Dans les neumes, origine de notre système d'écriture moderne, la mesure n'existe pas; dans la musique grecque (dont l'affinement rythmique devait être merveilleux en raison des subtilités extraordinaires supposées inhérentes à la prononciation de la langue grecque), on intercalait le temps irrationnel entre le temps long et le temps bref, que nous avons seuls conservés. Donc, c'est à mesure que les formes de l'art se sont compliquées qu'on a fatalement dénaturé le principe du rythme; dans la nécessité de mesurer les rapports complexes, on les a supposés uniformes pour les rendre mesurables.

Nous démontrerons plus loin l'affinement que

l'écriture musicale serait susceptible d'acquérir sous l'influence du développement des perceptions visuelles, car les mêmes éléments rythmiques ne se retrouvent pas seulement dans les mouvements cérébralisables et dans l'esthétique musicale, mais aussi dans le mécanisme du regard. Le regard est en marche lorsque nous le fixons sur une surface, si petite qu'elle soit, et ce sont les rythmes de sa marche qui déterminent le caractère de notre contemplation, comme les rythmes inhérents à la pensée de l'interprète déterminent le caractère des mouvements volontaires qu'il exécute et leur résultante esthétique.

Toutes les différences perçues par le regard sont perçues rythmiquement, c'est-à-dire non simultanément mais par évolutions. Ces évolutions ont leurs centres d'attraction sans lesquels aucune évolution n'est imaginable, et ces centres d'attraction entraînent fatalement des différences de vitesse dans chaque évolution.

Ce mécanisme rythmique peut être rendu conscient par les procédés suivants :

Corrélation de la forme et du rythme dans le mécanisme du regard. — Le déplacement uniforme du regard.

Si l'on a parcouru la circonférence d'un cercle par un déplacement approximativement uniforme du regard, ce parcours n'a pu s'effectuer sans que le regard soit forcé d'interrompre sa marche, de fractionner les distances parcourues en parcelles minimes. Et pendant qu'on s'applique à communiquer cette allure uniforme au regard, il se fait un changement frappant dans les sensations visuelles; il semble qu'on continue à voir la forme circulaire par l'espace qu'elle occupe, mais qu'on cesse de comprendre l'image parce que le rythme communiqué au regard ne concorde plus avec elle. On voit la forme exister dans l'espace, on ne la sent plus exister dans le temps. Il y a négation mutuelle entre les deux représentations de l'espace et du temps.

Les différences rythmiques dans les évolutions en sens contraire.

Si, au contraire, on laisse le regard parcourir cette ligne circulaire sans diriger son rythme, il s'établit des vitesses différenciées nettement évolutives, c'est-à-dire que dans chaque parcours le regard ralentit graduellement sa marche dans la montée et l'accélère ensuite graduellement dans la descente, de sorte qu'on ne voit pas seulement la forme dans l'espace qu'elle occupe, mais on la sent, on la calcule dans le temps; il y a fusion entre la représentation du rythme dans le temps et la représentation de la forme dans l'espace. On constate même qu'à cette seule forme dans l'étendue correspondent deux rythmes distincts dans le temps, car non seulement la vitesse du regard est variable pendant chaque parcours total, mais le regard peut effectuer deux genres d'évolutions : celle où la vitesse s'accélère et se ralentit graduellement lorsque l'orientation se fait de droite à gauche (parcours a, b, c, d, fig. 2), et celle où la vitesse s'accélère et se ralentit graduellement avec orientation inverse (parcours *a, d, c, b*, fig. 1).

Ces deux évolutions diffèrent par le fait que dans la deuxième orientation *a, d, c, b*, non seulement la variabilité de la vitesse est moindre dans chaque parcours, mais la durée du parcours est allongée.

Les différences rythmiques dans l'orientation du regard.

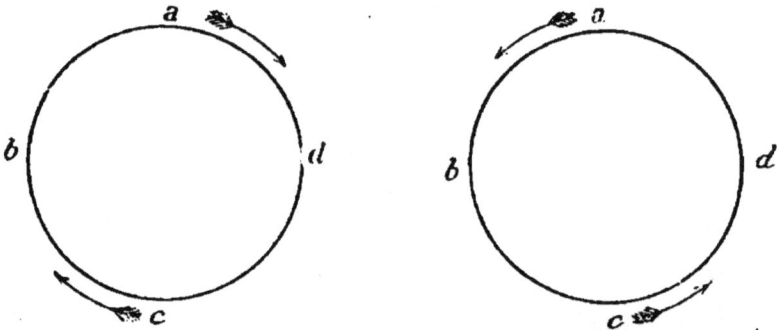

Fig. 1.—Orientation *a, d, c, b*.   Fig. 2.—Orientation *a, b, c, d*.

Comme on le verra par la suite, le mécanisme des rythmes évolutifs du regard est en rapport avec le mécanisme de la sensibilité tactile; car les évolutions rythmiques du toucher sont aussi d'intensité très différente selon leur orientation.

Le rythme dans les arts et dans la nature.

Comme il y a identité entre la forme d'une plante et le rythme par lequel la brise anime cette forme, il y a aussi identité dans les différences que nous constatons entre les formes non mouvantes, et les différences rythmiques des perceptions visuelles qui nous donnent l'image de ces formes.

Ce sont les phénomènes variés des rythmes évolutifs restés jusqu'ici en dehors de l'analyse consciente qui permettent de pénétrer le secret artistique du mouvement. On ne voit vraiment la forme du mouvement que lorsqu'on en voit le rythme, et on ne voit le rythme que lorsqu'on calcule la divisibilité différentielle du temps à laquelle correspond la transformation constante inhérente à la vitesse du mouvement.

En somme, ce qui reste le plus en dehors de notre conscience, c'est précisément la divisibilité différentielle du temps à travers laquelle se manifestent les phénomènes vibratoires qui forment la base de toutes nos sensations.

C'est parce que les phénomènes primordiaux des nombres nous sont les moins pénétrables, que ce sont aussi les phénomènes rythmiques de la nature qui attirent le moins notre attention.

Notre regard analyse la différence des couleurs, la différence des formes, la différence des degrés de rapprochement ou d'éloignement dans la perspective; il n'analyse pas l'évolution rythmique dans les mouvements qu'il perçoit; — il ne voit pas le mouvement qui est dans le mouvement.

Par rapport à cette vue du mouvement dans le mouvement, la conscience est si peu développée qu'on pourrait l'accuser de cécité rythmique. Car tandis que nous analysons de très petites différences de nuances dans une même couleur, et de très faibles déviations dans la direction d'une ligne, nous ne voyons dans un mouvement que son point de départ et son point d'arrivée, le caractère général de son allure plus ou moins lente ou rapide ; nous ne voyons pas le rythme différentiel qui lui est inhérent, nous ne l'analysons pas.

Dans la nature, aucun mouvement ne conserve une vitesse uniforme, mais on regarde les cascades, les forêts animées par le balancement des arbres, la mer aux vagues oscillantes, sans que ces merveilleuses combinaisons constantes des mouvements soulèvent un calcul proportionnel dans notre pensée.

On regarde avec une conscience éblouie cet ensemble de phénomènes fascinants, sans ramener par un effort intellectuel spontané toutes les évolutions simultanées des mouvements perçus à une appréciation unifiée du temps, et pourtant c'est *cette capacité d'unification qui fait que notre intelligence est.*

Laplace signale cette capacité d'unification de l'intelligence lorsque, parlant de la vue du mouvement universel répandu dans l'espace, il dit : « Une intelligence qui, pour un instant donné, connaîtrait toutes les forces dont la nature est animée et la situation respective des êtres qui la composent, si d'ailleurs elle était assez vaste pour soumettre ces données à l'analyse, embrasserait dans la même formule les mouvements des plus grands corps de l'univers et ceux des plus légers atômes. »

Précisément, dans la pénétration des rythmes inhérents aux mouvements qui se manifestent dans la nature, il s'agit d'un phénomène analogue ; il faut voir à travers l'unité de la durée des plus grands mouvements perçus, les divisibilités proportionnelles de tous les mouvements moindres jusqu'aux plus faibles oscillations visibles, et reconnaître que le rythme de chaque mouvement évolue selon les mêmes lois, quoique chaque mouvement différent soit animé d'un rythme différent.

La musicalité de la vue.

Cette intellectualité de la vue pourrait être appelée la *musicalité* de la vue, car les combinaisons des rythmes superposés forment un des éléments essentiels, primordiaux, de la musique, et l'oreille habituée à les analyser semble, dans la perception de la divisibilité du temps, plus intellectuelle que l'œil. Il est vrai que, dans la nature, la plupart des mouvements non seulement se voient, mais s'entendent aussi ; mais ces rythmes dans lesquels la tonalité tient une si faible place, sont décolorés pour l'oreille, comme le serait pour l'œil une nature grise éclairée par une lumière blanche. L'oreille saisit moins bien ces rythmes en grisailles et pourtant, dans le bruissement des feuilles, les différences de durée des mouvements doivent être mieux perçues par l'oreille que par l'œil. Dans la perception de ces genres de rapports, il est vrai, nous sentons bien que l'identification de l'audition et de la vue n'existe pas, puisqu'un sens perçoit plus vite que l'autre. Les perceptions des deux sens sont comme séparées par une cloison : quand l'œil voit déjà, l'oreille n'entend pas encore.

Il y a, du reste, dans le mécanisme de nos sens, une telle simultanéité de rythmes divers que la capacité de ramener à l'unité de temps toutes les vitesses évoluent simultanément dans les mouvements perçus en dehors de nous est compréhensible, puisque chacun de nous représente lui-même une image passagère de ces combinaisons de nombres dans l'unité du temps.

Qui dira le nombre des rythmes qui animent chacun de nous ? Qui dira comment s'établit l'équilibre sans cesse changeant qui harmonise ou désaccorde ces rythmes ?

C'est en raison de l'harmonique activité de nos sens qu'il faudrait, pour bien regarder, regarder non seulement visuellement mais musicalement, c'est-à-dire avec l'analyse spontanée de la durée différentielle des phénomènes visuels. Car si l'art musical est si particulièrement attrayant, c'est en partie parce que le déroulement des sons fait saisir mieux les différences des rythmes que le déroulement des images.

L'oreille peut faire discerner les oscillations infimes du rythme, l'œil, trop peu exercé, ne les fait pas voir.

Le secret des mouvements artistiques ne peut être pénétré que par la connaissance du mouvement qui anime ces mouvements. C'est dans ce mouvement encore inaperçu, renfermé dans les mouvements visibles, que réside la pensée; il est en quelque sorte son émanation immédiate, dont l'analyse est encore impénétrée.

Nous devrions reconnaître les courants rythmiques par lesquels notre pensée anime nos mouvements, comme on peut reconnaître la forme de nos pensées dans la forme de notre toucher qui reste fixée, à l'aide des empreintes digitales, sur chaque objet touché par nos doigts.

Comme, dans nos mouvements, la variété des pensées correspond à la variété des sensations qu'ils peuvent faire naître, de même dans notre toucher la variété des sensations dont il peut être animé correspond à la variété de nos pensées. Cette variété se manifeste aussi bien dans les différences de formes et de dimensions que nous attribuons à un même objet touché, selon la façon dont nous le touchons, que dans les différences des conceptions esthétiques transmises à une même œuvre musicale, selon la façon dont nous adaptons nos pressions à l'exécution des combinaisons de notes.

DEUXIÈME PARTIE
LE TOUCHER MUSICAL

CHAPITRE IV
LA CÉRÉBRALITÉ DES ATTITUDES DANS LE TOUCHER MUSICAL

L'harmonie de la structure de la main et l'harmonie musicale.

Avant d'aborder l'analyse des sensations de surface de la géométrie linéaire du toucher musical, nous allons donner quelques indications : 1° *Sur la structure de la main et la dissociation des mouvements; 2° sur l'influence des attitudes par rapport au rythme des mouvements; 3° sur les principes du mécanisme du toucher.*

La structure de toutes les mains pourrait être considérée comme harmonieuse : ce sont les dimensions uniformes des touches du clavier qui mettent certaines mains en déficit.

Avec le besoin qui ne tardera pas à se faire sentir, d'affiner le toucher, on arrivera peut-être à varier ces dimensions. Chacun choisirait le clavier en harmonie avec la structure de sa main. On pourrait même avoir

des claviers de rechange qui. à volonté, s'adapte-
raient au même instrument.

Nous disons que toutes les mains pourraient être
considérées comme harmonieuses, parce qu'il y a
une analogie entre les intervalles dont se compose le système musical et la structure de la
main.

Nos dix doigts forment deux unités de cinq doigts ;
le pouce étant considéré comme le premier doigt, on
désigne les autres, dans le langage courant, par les
chiffres successifs de 2e, 3e, 4e et 5e doigt, comme on
désigne, en musique, les rapports des sons successifs par intervalles de seconde, tierce, quarte,
quinte. Ces intervalles s'étendent, il est vrai, jusqu'à
l'octave, et les octaves s'ajoutant les unes aux
autres forment, au nombre de huit, la largeur totale
du clavier. Mais par le fait d'écarter les différents doigts, les dimensions de la main s'étendent
généralement aisément jusqu'à l'octave, et au delà,
et, par le fait d'écarter les bras, chacune des deux
mains atteint facilement les octaves successives jusqu'aux octaves extrêmes.

A ces divisions de la structure de la main correspondent des divisions infiniment multiples des sensations acquises sous l'influence des variétés de la
tension musculaire et de la localisation du toucher.
Car de même que les intervalles musicaux correspondent aux modifications du nombre de vibrations,
de même les attitudes des doigts dans l'exécution
des intervalles correspondent à des combinaisons de
sensations dans lesquelles subsiste une harmonie
de nombres qui nous est inconnue, mais que nous

percevons comme équivalente à l'harmonie musicale qu'elle peut faire naître.

Il y a donc à la fois analogie entre la structure de la main et la structure de l'harmonie musicale, comme il y a analogie entre les éléments vibratoires qui se dégagent des pressions de nos doigts et les rapports des vibrations sur lesquels est basé le système musical.

Mais, comme nous l'avons dit, la structure la plus plus appropriée à l'harmonie du toucher ne fait pas que cette harmonie soit transmissible aux touches du clavier sans une étude préalable qui permette d'arriver à une complète dissociation des mouvements des doigts.

L'action exercée par la dissociation des doigts sur le timbre de la sonorité.

L'influence exercée par la dissociation des mouvements des doigts sur le timbre de la sonorité s'éclaire d'une façon spéciale si l'on suppose l'existence d'une analogie entre le mécanisme des sensations tactiles et le mécanisme des sensations visuelles.

En effet, supposer que l'harmonie produite par les différenciations du toucher des dix doigts pourrait être comparée à la lumière produite par les couleurs du prisme, c'est supposer que les sensations produites par les pressions doivent pouvoir se régler comme si nous distinguions entre elles les différences de nombres qui existent entre les vibrations des couleurs du prisme. Dès lors la nécessité de la dissociation des mouvements prend une signi-

fication spéciale, car pour arriver à combiner avec
justesse le coloris prismatique des doigts, des sensations très distinctes doivent exister dans chaque
doigt. Ainsi, chaque doigt ne transmettra sa pression
individuelle que pendant que les autres doigts restent fixes ou pendant qu'ils exécutent des mouvements
nettement distincts.

Pour le médius, par exemple, l'intensité de cette
pression individuelle pourrait se figurer par l'accent
du chiffre 3 dans la première formule.

La perte de force produite dans la pression du
médius par les mouvements associés des chiffres 1
et 2, 4 et 5 pourrait se figurer par l'accent placé au-
dessus du chiffre 3 dans la deuxième formule.

Première formule.	*Deuxième formule.*
∧	◀ ∧ ▶
1 . 2 . 3 . 4 . 5 .	1 . 2 . 3 . 4 . 5 .
Force acquise par la pression du médius sous l'influence de la fixité des autres doigts.	Réduction de la force de pression du médius sous l'influence des mouvements associés des autres doigts.

Donc, une main non éduquée a généralement une
incapacité artistique initiale : car si les cinq doigts
exécutent un accord, le caractère du mouvement au
lieu de produire une multiplication de la force du
médius (première formule) ne différera pas complètement de celui de la deuxième formule, puisque
si un seul doigt fait un mouvement d'attaque, les
cinq doigts bougent.

Mais le perfectionnement du toucher réside
autant dans la capacité d'isoler les mouvements
respectifs des doigts que dans la capacité de com-

muniquer des différenciations appropriées aux attitudes des doigts.

Ces deux facultés sont les conditions premières
aussi nécessaires au toucher artistique que l'obliga-
tion d'isoler les cordes d'un violon et de les accorder
non pas au même ton, mais à la quinte, afin de multiplier la force expressive, l'étendue et la puissance
harmonique de l'instrument.

Les attitudes et la géométrie des sensations.

A la nécessité d'accorder les cordes du violon à la
quinte correspond la nécessité d'accorder les attitudes des cinq doigts des deux mains avec les
intervalles musicaux que les doigts doivent exécuter.
Ces attitudes, quels que soient les intervalles en jeu,
doivent se grouper de façon qu'il se répartisse dans
l'ensemble de la main une *unité d'intensité des
sensations* qui est une condition de l'harmonie des
sensations.

La possibilité de cet équilibre des attitudes peut
être démontrée en basant le mécanisme des sensations de la main sur des divisions en longueur, en
largeur, en hauteur et en profondeur.

Double direction des sensations en largeur.

L'intensité maxima des sensations transversales
doit être perçue entre le pouce et le 5e doigt. A cet
effet, il faut d'une part pouvoir communiquer à l'articulation métacarpophalangienne du pouce un écart
maximum (la phalangette restant fléchie et par conséquent plus rapprochée de la main), par lequel on

provoque à travers la main des sensations en largeur qui correspondent à l'idée d'écarter le pouce du 5ᵉ doigt. D'autre part, il faut pouvoir maintenir le métacarpien du 5ᵉ doigt au-dessus de celui du 4ᵉ doigt afin d'augmenter aussi la largeur de la main du côté du petit doigt, provoquant ainsi des sensations transversales en sens inverse qui correspondent à l'idée d'écarter le 5ᵉ doigt du pouce.

Il s'agit de former des échanges de sensations par lesquels l'attitude du 5ᵉ doigt réagit sur celle du pouce, tandis qu'inversement l'attitude du pouce réagit sur celle du 5ᵉ doigt. Ces sensations transversales doivent exister, mais à un degré moindre, entre les attitudes de tous les doigts car c'est à mesure que le pianiste arrive à renforcer les sensations par lesquelles il se représente la largeur de sa main que ses attitudes et ses mouvements deviennent plus libres et se pondèrent davantage.

Double direction des sensations en longueur.

A ces sensations intenses en largeur il faut joindre des sensations très intenses en longueur. A cet effet, les quatre derniers doigts sont maintenus en flexion graduée, de l'index, qui reste presque allongé, au 5ᵉ doigt, qui non seulement est le plus fortement fléchi mais aussi le plus fortement reculé.

Tandis que l'index qui se tend en avant a l'impression de s'allonger, les autres doigts qui, graduellement plus fléchis, se tendent en arrière ont l'impression de se raccourcir, et c'est dans la flexion et le recul des doigts extrêmes, pouce et 5ᵉ doigt, que se localisent les sensations les plus fortes de raccourcissement qui ainsi contribuent le plus fortement à provoquer les sensations d'allongement de l'index.

Comme on le voit, tandis que dans le paragraphe précédent les sensations transversales atteignent leur intensité maxima par la sensation d'écarter le pouce du 5e doigt et la sensation complémentaire d'écarter le 5e doigt du pouce, les sensations en longueur par contre se localisent ici seulement dans l'index sous forme d'allongement et sont complétées par des sensations graduées de raccourcissement provoquées par les attitudes des autres doigts.

Les sensations en hauteur et en profondeur.

A ces sensations en largueur et en longueur se joignent des sensations bien plus complexes en hauteur et en profondeur.

Avec les quatre premières directions, les sensations ne parcourent qu'un plan horizontal, à part la flexion graduelle des doigts et le relèvement du métacarpien du 5e doigt qu'on a déjà mentionnés et qui ne peuvent se concevoir qu'en dehors de ce plan horizontal. Il s'agit maintenant de se servir de ces divisions des sensations en largeur et en longueur pour construire en dessous de la main une voûte, et de la faire tenir debout en un constant équilibre au moyen des sensations orientées en hauteur et en profondeur.

Tandis que dans cette verticalité des sensations, les sensations en profondeur se ramènent à l'attitude du pouce maintenu relativement abaissé et écarté du dos de la main, les sensations en hauteur, au contraire, correspondent à l'attitude des quatre autres métacarpiens toujours tendus vers le haut, c'est-à-dire à égale hauteur du poignet avec tendance à maintenir le métacarpien du 5e doigt encore surélevé au-dessus de celui du 4e doigt.

En ce qui concerne la localisation du toucher, c'est par cette intensité de sensations divergentes que le pianiste peut arriver à établir dans ses attitudes l'harmonie des sensations qui correspond à l'harmonie musicale.

C'est par les rapports des sensations en hauteur et en profondeur comme nous l'avons dit, qu'il doit arriver à régler le caractère du creux qui se forme dans la face palmaire de la main ; mais nécessairement ce besoin de maintenir un équilibre constant entre les attitudes des métacarpiens ne doit entraver en rien la mobilité des doigts. Le pianiste provoque dans l'attitude de sa main, un état de conscience qui ressemble à celui de la bouche maintenue ouverte, laissant les lèvres mobiles.

L'harmonie du toucher et l'harmonie de la voix.

Si les sensations provoquées par la mise au point de la main du pianiste peuvent être comparées à celles provoquées par la mise au point de la bouche et des lèvres du chanteur, c'est que :

1° Le creux formé dans la paume de la main par l'équilibre spécial des attitudes des métacarpiens est chez le pianiste en corrélation avec le timbre de la sonorité, comme le caractère de la tension communiquée par le chanteur aux parois de la cavité buccale est en corrélation avec le timbre de la voix.

2° Les attitudes des doigts sont, comme les attitudes des lèvres, en corrélation avec le timbre.

3° La liberté, l'élasticité des mouvements des doigts agit sur l'articulation des pressions, comme la mobilité élastique des lèvres agit sur l'articulation des mots.

En réalité, qu'il s'agisse de provoquer des ondes sonores par l'air expulsé ou par les pressions transmises aux touches, l'harmonie résultante dérive d'une harmonie de sensations qui se ramène à des causes identiques.

Lorsqu'il y a bon nombre d'années déjà, l'existence de ces rapports m'apparut, j'ai supposé qu'un jour viendrait où l'humanité se serait transformée par la conscience précise de son pouvoir de créer volontairement des associations d'attitudes, de fonctions et de sensations d'où émane, par un principe unique, *la beauté, l'harmonie.* Quand le toucher musical sera devenu une science, ce pouvoir supérieur existera sans doute et, par le fait que tous les êtres humains pourraient harmoniser leurs voix avec une justesse absolue, l'association des voix nombreuses paraîtrait un besoin irrésistible, et elle pourrait produire une force de relèvement et de concorde admirable.

Et cette beauté acquise ne serait qu'une vérité scientifiquement analysable ; on en connaîtrait alors les causes : car l'harmonie physiologique inhérente à notre organisme est une musique que nous n'analysons pas encore, mais en attendant qu'une faculté d'adaptation nouvelle soit formée par cette analyse, le besoin d'harmonie, la recherche de la beauté et de la vérité subsistent.

CHAPITRE V

LA CÉRÉBRALITÉ DES MOUVEMENTS DANS LE TOUCHER MUSICAL

L'influence de l'attitude sur le mouvement.

Évidemment, autrefois la préoccupation de transmettre les pressions aux touches ne se compliquait pas du besoin de localiser les attitudes en vue de provoquer cette géométrie des sensations d'attitudes dont nous venons de parler, géométrie qui est en corrélation intime avec les fonctions mentales artistiques dont elle représente en quelque sorte le mécanisme évolutif. Nécessairement ces rapports géométriques des sensations doivent conserver une unité indivisible malgré la mobilité inévitable de la forme des attitudes, puisque, selon la disposition des intervalles à exécuter, le pianiste est forcé de modifier les rapports des positions des doigts. Mais précisément dans cette mobilité des attitudes, l'équilibre doit rester stable.

En somme, quelle que soit l'intensité de la fixité nécessaire pour maintenir la coordination des attitudes, on peut admettre en principe que les mouvements seront d'autant plus *ailés* que la forme des attitudes favorisera davantage la dissociation des mouvements. C'est du reste la nécessité d'analyser

les influences diverses mises en jeu dans le mécanisme artistique qui nous force à envisager séparément l'attitude et le mouvement, car ils forment en
réalité une unité inséparable.

L'influence de l'action cérébrale sur l'élimination du poids.

Le pianiste doit avoir la sensation d'extraire, de
tirer le son de l'instrument et non pas de le produire
par le poids de ses pressions.

Cette sensation d'un poids qui réagit contre une
surface résistante correspondrait plutôt à l'idée de
faire *rentrer* le son dans l'instrument. C'est du reste
l'effet négatif réel que produisent les pianistes qui
dépensent un poids réel, un poids non pondéré dans
l'exécution de leurs mouvements.

Pour une double raison, on doit éviter de transmettre le poids à la touche :

1° Parce que le poids non pondéré produit, comme
nous venons de le dire, un résultat négatif sur la
sonorité ;

2° Parce que c'est le cerveau qui doit dépenser la
force qui correspond à ce poids, et il doit la dépenser
précisément de façon à ce que le poids soit éliminé
du mouvement.

Ainsi, si j'abaisse le doigt avec une vitesse maxima sans avoir une représentation quelconque d'un
mouvement fait en sens inverse, ma pression transmet à la touche un poids non pondéré, un poids
direct.

Si, pendant que j'exécute le même mouvement
d'abaissement, je me représente simultanément un

mouvement d'élévation fictif exécuté par ce même doigt, je rends, par cette représentation inverse, le mouvement, réellement exécuté, élastique. Les rapports entre la vitesse du mouvement et la pesanteur acquise sont suspendus : le mouvement cesse d'être direct, il est traversé par la pensée, le poids transmis n'est plus le même, il est pondéré, il est artistique.

L'altération de cette action cérébrale sous l'influence des attitudes uniformes.

Ces phénomènes de transformation des mouvements déjà si curieux par eux-mêmes, permettent de pénétrer des phénomènes plus subtils encore, car indépendamment de la volonté qui agit ou veut agir sur les mouvements, les différences d'attitudes définies dans le chapitre précédent provoquent elles-mêmes déjà des différences de propriétés des mouvements.

Ainsi, les attitudes pondérées comme celles définies chapitre IV rendent, pour ainsi dire, le mouvement impondéré impossible ; au contraire les attitudes non pondérées (celles qui provoquent un état de conscience uniforme dans les cinq doigts de la main) rendent le mouvement pondéré impossible, car elles entravent l'action cérébrale.

Voici les différences caractéristiques par lesquelles ces phénomènes peuvent se classer.

1° La localisation différentielle des attitudes artistiques en corrélation avec l'harmonie du toucher, produit déjà un genre de neutralisation des mouvements ; dans ces conditions d'attitude, la représentation du mouvement inverse de celui qui est exécuté paraît non seulement aisée, mais la transmission du poids non pondéré est rendue en partie irréalisable dans l'exécution des mouvements.

2° Au contraire, plus les attitudes fixes des doigts sont uniformes (redressement uniforme des premières phalanges, flexion uniforme des dernières phalanges par exemple), plus le poids direct est transmis par la vitesse du mouvement des doigts.

3° L'influence de cette uniformité des attitudes fixes entrave même la représentation mentale du mouvement inverse au point de la rendre irréalisable. Sous l'influence de ces attitudes, la pensée ne peut pas agir par un courant en sens contraire à celui inhérent au mouvement réalisé. Elle ne peut pas pénétrer le mouvement.

En somme, on constate dans ces phénomènes que nous signalons, d'une part une correspondance entre l'uniformité des attitudes et l'obstruction des fonctions mentales, et d'autre part une correspondance entre la pondération des attitudes et la libre circulation de la pensée.

Les attitudes paraissent faire fonction de conducteurs ou d'interrupteurs des manifestations mentales. C'est comme si leur complexité utilisée avec une certaine coordination, donnait libre jeu aux phénomènes cérébraux, tandis que si, en raison de l'uniformité des attitudes, la structure manuelle est utilisée sans la mise en jeu de ses ressources complexes, la pensée perd sa force de circulation.

Nous reviendrons ailleurs sur cette question, mais signalons encore ici que, sous une forme un peu différente, un phénomène analogue de différenciation du poids transmis aux touches peut être obtenu si l'on se représente le relèvement d'un doigt corrélativement au mouvement d'abaissement d'un autre doigt : les mouvements étant dans ce cas tous deux réellement exécutés mais volontairement dissociés par rapport aux fonctions motrices et mentales.

On arrive à distinguer entre ces deux genres de mouvements, selon qu'ils sont directement ou indirectement influencés par la pensée, deux sensations de poids différenciées ; dans l'exécution de successions de notes, l'une des deux peut à volonté être identifiée avec le temps fort, l'autre avec le temps faible.

Du reste ces genres de rapports ne doivent pas forcément se succéder par groupes de deux mouvements ; plusieurs mouvements successifs peuvent, par séries alternantes, former en quelque sorte à tour de rôle, pour l'activité fonctionnelle ou pour l'activité mentale, des groupes négatifs et des groupes positifs. C'est-à-dire que l'acte qui est positif par rapport à l'activité fonctionnelle est négatif par rapport à l'activité mentale, car l'acte qui constitue l'effort maximum pour la pensée constitue l'effort minimum pour les fonctions manuelles et inversement.

Action exercée sur la sonorité par le caractère du relèvement de la touche.

Si le relèvement de la touche se faisait avec la même vitesse que l'abaissement, chaque son disparaîtrait approximativement avec la même vitesse que celle avec laquelle il a été émis ; dans ce cas, à moins

qu'il ne s'agisse d'un *staccato*, l'harmonie qui a pu
être provoquée par le caractère de l'abaissement de
la touche sera contrecarrée par le caractère de son
relèvement; pour que les sons successifs s'harmonisent, le doigt, après avoir enfoncé la touche avec
une vitesse maxima ne doit la quitter que bien plus
lentement, afin que chaque son s'éteigne graduellement au lieu de s'arrêter brusquement.

Pour bien définir ces rapports, il faudrait dire que
le doigt ayant agi sur la touche par un abaissement
rapide doit sentir, en quelque sorte, la touche
réagir sur lui, car le pianiste doit analyser le relèvement graduel de la touche comme si celle-ci, en
se relevant, relevait le doigt.

Cette image donne l'idée de la finesse des sensations mises en jeu au début de ce relèvement du
doigt. Mais cette finesse doit subsister pendant le
trajet total, car chaque relèvement doit, au moyen
d'une transformation graduelle, se faire par un mouvement à vitesse et à légèreté croissantes.

La cérébralité du rythme des mouvements.

L'idée que la conscience puisse, dans le mécanisme artistique, s'étendre non seulement aux mouvements des doigts, mais aux changements constants
qui s'opèrent dans ces mouvements, est en contradiction absolue avec les idées préconçues sur l'automatisme du mécanisme des pianistes, acceptées
couramment parce qu'elles n'ont jamais été contre-
dites.

Mais l'existence de ces phénomènes cérébraux
provient précisément de ce que la conscience du

mouvement artistique est basée sur la conscience
de la transformation inhérente à ce mouvement,
comme la conscience de la forme, des dimensions et
du poids de ce mouvement artistique est basée sur
la conscience de la transformation de cette forme,
de ces dimensions, de ce poids.

Comme nous l'avons dit, un mouvement que nous
cherchons à rendre uniforme n'est pas cérébralisable, nous ne le pensons que par intermittences,
nous faisons comme des *pas distincts* en nous le
représentant. La pensée ne circule librement dans
un mouvement que lorsque la vitesse de ce mouvement est en constante transformation et, en somme,
toutes les transformations inhérentes aux propriétés
des mouvements artistiques pourraient se ramener
à une transformation unique : celle de la vitesse,
car cette transformation, c'est le *rythme*, c'est la
pensée.

C'est seulement par leur cérébralisation que les
mouvements s'identifient avec les lois esthétiques de
l'art musical ; leurs rythmes se maintiennent, comme
ceux de la musique, en état de transformation constante, qu'il s'agisse des mouvements les plus minimes, presque inaperçus, ou des mouvements les
plus étendus.

En somme, l'artiste voit l'art à travers les principes esthétiques du rythme, parce que ces principes
forment les éléments vitaux de sa propre pensée, et
par conséquent de l'activité fonctionnelle affinée,
coordonnée de son propre organisme.

Toute la polyphonie des sensations produites par
l'exécution d'une œuvre d'art doit pouvoir concorder

par des rapports de nombres avec l'harmonie qui constitue l'œuvre d'art.

Dans l'œuvre d'art, l'artiste ne fait que se *pro-créer;* c'est précisément la ressemblance qui règne dans les œuvres d'un même artiste qui en fournit la preuve. Il y a identité entre le producteur et le pro-duit, dans une bien plus large mesure qu'on ne le suppose.

Cette admirable harmonie dont le mécanisme de nos appareils sensitifs est animé nous reste forcé-ment plus ou moins cachée, mais chaque progrès qui nous la rend plus perceptible nous rend aussi plus aptes à faire œuvre d'artiste. Nous ignorons l'art, parce que nous nous ignorons nous-mêmes.

Si, comme cela doit être, les variétés d'impulsions rythmiques transmises aux successions de notes par les pressions de ses doigts apparaissent au pianiste étroitement reliées à l'intensité de son activité céré-brale, il ne peut avoir un instant l'idée que ses doigts marchent automatiquement. Il sent sa pensée bien plus en marche que ses doigts.

Il sent en lui la force pondératrice sans laquelle aucune de ces impulsions rythmiques ne se trans-mettrait au clavier. Si cette activité pondératrice était suspendue, les rapports rythmiques des pres-sions ne pourraient subsister. Le mécanisme uni-forme, le mécanisme sans pensée se substituerait à ces processus complexes par lesquels ses sensations alimentent sa pensée. Dans ce mécanisme il n'y aurait plus que la mesure, la mesure avec le mou-vement toujours égal à lui-même.

Du reste, ce mouvement est en quelque sorte

l'emblème de l'humanité bornée dans ses actes, dont chaque individu, dans le déplacement de son propre corps, donne une image : il fait un pas, pour recommencer et faire un autre pas et ainsi de suite.

Ces fractionnements uniformes, dont elle ne voit que le caractère le plus superficiel, le plus apparent, l'humanité les adapte volontiers à ses appréciations générales sur la marche des choses, sans voir que cette marche est fausse en principe, qu'elle ne s'adapte qu'à nos ressources limitées de déplacement.

On pourrait, il est vrai, dire que les révolutions des astres sont des *pas* qui recommencent : que les printemps, les automnes, les hivers aussi sont pour les végétations qui naissent, meurent, renaissent pour mourir encore, comme des pas qui recommencent.

Mais dans ces révolutions, dans ces renouvellements et ces dépérissements, nous voyons des changements continus ; nous voyons l'évolution, tandis que dans nos pas, nous ne distinguons que leur mesure. Il est vrai que, si nous marchons automatiquement, chacun de nous ayant néanmoins son équilibre particulier dont est formée l'allure générale de sa démarche, le rythme n'est pas exclu des mouvements de la marche ; mais ces finesses échappent au regard : c'est le caractère dominant de la régularité qui nous impressionne surtout. Et c'est en quelque sorte cette régularité d'intervalles (les différences de durée mises à part) qu'on retrouve dans les mouvements des pianistes, lorsque leur jeu est mécanisé : ce qui permettrait de dire, malgré le manque d'élégance de l'image, que leurs doigts marchent selon le même principe que leurs pieds. Ils jouent deux, quatre, six notes et puis des successions nombreuses de notes avec une régularité parfaite, et par conséquent d'une façon anticérébrale, antiesthétique, antimusicale.

L'état primordial de la conscience, si l'on peut s'exprimer ainsi, c'est l'état *élastique*.

Toutes les transformations inhérentes aux attitudes et aux mouvements sont explicables par un état élastique permanent d'où surgissent nos sensations, nos pensées. C'est dans le chapitre consacré aux sensations de surfaces que nous espérons faire apparaître plus nettement cette vérité de la vie du mouvement artistique.

CHAPITRE VI

LA GÉOMÉTRIE LINÉAIRE DANS LE MÉCANISME
DU TOUCHER

La vue mentale dans le toucher.

Nous voyons mentalement avec nos doigts pendant que nous touchons un objet. Mais cette vue mentale s'établit à travers des centaines, des milliers d'organes minuscules que nous orientons automatiquement, qu'il s'agisse d'un toucher artistique ou d'un toucher simple. C'est parce que cet automatisme est perfectible par la cérébralisation des attitudes et des mouvements dont nous venons d'exposer sommairement les principes, que le toucher musical est destiné à devenir une science.

Après avoir démontré, au début de cet ouvrage, comment : 1° l'espace est rendu divisible sous l'influence du calcul proportionnel de la forme et de la durée des mouvements exécutés, nous avons démontré comment : 2° l'espace délimité par la structure de la main est rendu divisible sous l'influence des calculs proportionnels provoqués par les rapports des sensations d'attitudes et des mouvements ; il nous reste à démontrer comment : 3° l'espace des surfaces linéaires de nos pulpes [1] est rendu divisible.

1. Marie Jaëll, *le Mécanisme du toucher*, 1897.

sous l'influence des calculs proportionnels provoqués par le caractère des groupements linéaires qui modifie la circulation de notre pensée — circulation qui s'identifie avec notre vue mentale.

On peut dire que les conceptions esthétiques du pianiste sont en corrélation intime avec les formes visuelles de l'harmonie du toucher, parce que dans ces formes toutes les voies linéaires sont ouvertes à la circulation mentale. Mais au contraire, dans les formes visuelles du toucher discordant, antimusical, les paupières mentales s'abaissent et la pensée s'arrête, l'image esthétique disparaît.

Comme nous le démontrerons plus loin, l'art du toucher consiste donc à maintenir ces voies linéaires ouvertes.

Le mécanisme de la conscience tactile.

Sur chacune de nos pulpes, les organes du tact se groupent en séries linéaires (V. l'empreinte figure 3). Chacune de ces lignes digitales se décompose en une multitude d'éléments nerveux, dont chacun a ses fonctions et une vitesse de transmission spéciale. De sorte que nous sentons non seulement différemment avec chacun de nos dix doigts, mais avec la moindre surface de chacun de ces dix doigts. Aussi, peut-on admettre que dans l'empreinte, figure 3, l'intensité de la sensibilité est en décroissance graduelle en allant du haut en bas et de la gauche à la droite, s'il s'agit d'un des quatre doigts droits, et du haut en bas et de la droite à la gauche, s'il s'agit d'un des quatre doigts gauches.

Cette décroissance graduelle est en corrélation

avec l'augmentation graduelle des dimensions que nous attribuons à un même objet touché, selon que nous le touchons plus à droite ou à gauche, plus en bas ou en haut des pulpes.

Fig. 3. — Agrandissement de la surface d'une pulpe.

On peut admettre que si nous touchons un même objet sur des régions plus ou moins sensibles des pulpes, les évolutions rythmiques inhérentes aux mouvements se transforment, dans nos perceptions tactiles, en évolutions des dimensions de l'objet touché.

Différence d'intensité de la sensibilité des pulpes.

Nous divisons, dans nos recherches, la surface de chaque pulpe en trois régions principales, afin de

Le classement de la sensibilité de l'index droit dans la discrimination du toucher.

Fig. 4. — Région plus sensible.   Fig. 5. — Région moyenne.   Fig. 6. — Région moins sensible.

classer les différences d'intensité des sensations, de manière à les rendre suffisamment apparentes pour être constatées par chacun[1].

Dans la main droite, la sensibilité du toucher est pour l'index et les doigts suivants, maxima au centre de la partie supérieure de l'empreinte, figure 4; elle est moyenne au centre de la partie supérieure de l'empreinte, figure 5; elle devient minima par une décroissance continue en allant du haut en bas et de la gauche à la droite de l'empreinte, figure 6.

1. Ch. Féré, « *Influence de l'éducation volontaire sur la sensibilité* ». Revue philosophique, 1897, XLIV, page 591).

Les images tactiles et les images mentales dans la discrimination du toucher.

Si nous touchons une même bille successivement avec ces trois régions différentes de l'index droit, les trois touchers seront différents de dimension, d'orientation et de vitesse, voir figures 7, 8 et 9; le premier toucher correspondra à l'illusion que la bille est plus petite que ses dimensions réelles ; le second fera à peu près percevoir ses dimensions réelles ; le troisième correspondra à l'illusion que la bille est plus volumineuse que ses dimensions réelles.

C'est parce que nous sentons différemment que nous touchons différemment et pensons différemment.

En somme, l'intelligence fait par le mécanisme des centres nerveux ce que fait celui qui cherche à unifier la divisibilité de l'espace et du temps par le calcul des mouvements artistiques, définis aux chapitres III et IV.

La valeur esthétique des mouvements est tout autant en corrélation avec la forme qu'avec le rythme du mouvement; l'espace doit être considéré comme divisible de même que la durée du mouvement qui s'étend à travers l'espace.

Ces deux manifestations sont inséparables comme la forme linéaire du toucher et le rythme du toucher, car le rythme est l'image de cette forme par rapport au temps. Si dans les trois touchers, figures 7, 8 et 9, l'intelligence transforme nos impressions partielles en représentation totale de la forme

touchée, c'est qu'aux différences de nombre et
d'orientation des éléments nerveux se joignent des
différences de vitesse et d'orientation des mouvements de va-et-vient réalisés par le doigt, pendant la
discrimination du toucher. L'intelligence fait con-

Différences des dimensions et de l'orientation des touchers réalisés sur les
trois régions différentes de l'index droit.

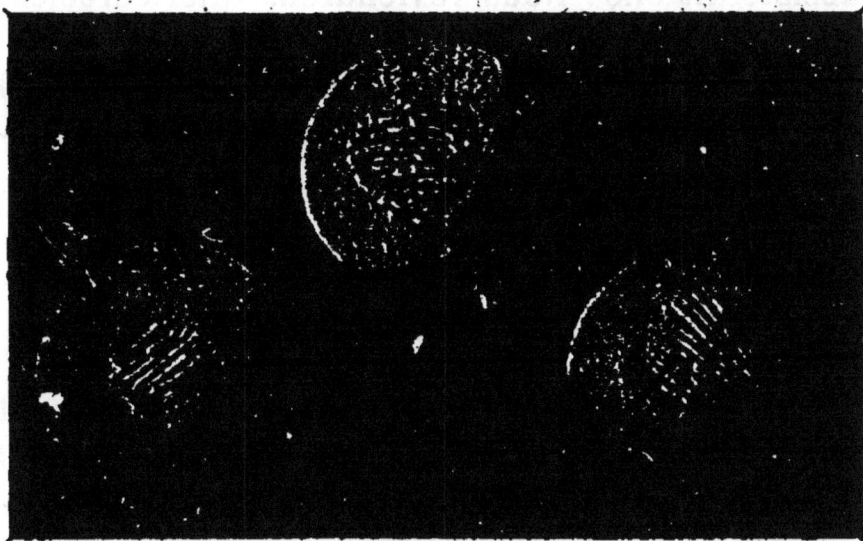

Fig. 7. — Toucher
réalisé sur la ré-
gion plus sen-
sible[1].

Fig. 8. — Toucher
réalisé sur la ré-
gion moyenne.

Fig. 9. — Toucher
réalisé sur la ré-
gion moins sen-
sible.

corder l'espace et le temps par une représentation
unifiée de leurs divisibilités, et précisément, c'est
uniquement en touchant une forme sphérique de
dimensions appropriées au volume du doigt qu'il suffit d'un seul contact légèrement oscillant pour provoquer, dans la pensée, l'image complète de la forme.

Ce phénomène de la représentation totale de la

1. Les figures 7 à 14 représentent les empreintes et les
billes agrandies du double.

forme touchée contient quelque chose comme un toucher direct et un toucher indirect, puisque par la sensation d'une surface sphérique touchée, il se produit la sensation en miroir de la surface sphérique inverse, grâce à la résistance prêtée par l'appui sur lequel la bille oscille.

Si cet appui faisait défaut, notre perception totale subsisterait-elle? Nous reviendrons ultérieurement sur cette question.

Voici à quelle divisibilité du temps correspond cette divisibilité d'espace définie par les trois empreintes de dimensions croissantes, figures 7, 8 et 9.

Différences de vitesse et d'orientation des mouvements de va-et-vient du doigt.

Pour la 1re *discrimination*, figure 7, on ne peut diriger l'élan maximum de la pression qu'en allant de droite à gauche ; cette pression orientée dans le sens des lignes digitales de l'empreinte, se fait avec une vitesse maxima.

Pour la 2e *discrimination* de même, on ne peut diriger l'élan maximum de la pression qu'en allant de droite à gauche, mais cette pression orientée dans le sens des lignes digitales de l'empreinte, figure 8, ne se fait qu'avec une vitesse moyenne.

Pour la 3e *discrimination*, au contraire, on ne peut diriger l'élan maximum qu'en allant de gauche à droite. Cette pression orientée dans le sens des lignes digitales de l'empreinte, figure 9, ne se fait qu'avec une vitesse minima.

Si l'on essaie d'orienter l'élan maximum des pressions en sens inverse, on obnubile l'image qui perd de sa netteté ; au bout d'un peu de temps d'essais — *on ne sait plus.*

Ces rapports des dimensions et de la vitesse des pressions que les empreintes permettent d'établir, font supposer que les deux différents parcours de la circonférence du cercle réalisés par le regard (voir page 26) correspondent, par leur différence de durée, aussi à des différences de dimensions. En se représentant mentalement un parcours fictif d'une ligne circulaire fictive, on peut, en effet, se rendre compte que l'évolution *a. b. c. d.* (fig. 2) prend toujours de petites dimensions comparées à celles de l'évolution inverse, figure 1, qu'on se représente du reste bien plus difficilement.

La forme des combinaisons linéaires et la forme des pensées.

Comme notre vue ne peut circuler dans l'espace que si aucun élément non transparent ne s'interpose entre elle et l'espace, il en est de même pour la circulation de la pensée dans l'espace de l'appareil sensitif.

L'empreinte, figure 10, représente la forme tactile à travers laquelle la bille touchée par un doigt ne nous paraît plus sphérique mais cylindrique, et cela parce que le rythme des oscillations du doigt et la forme de l'objet touché sont désagrégés. En effet, la direction communiquée au mouvement de va-et-vient du doigt ne concorde plus, dans cette empreinte, avec celle des lignes digitales ; le mouvement s'échelonne d'avant en arrière entre la figure centrale et le bout du doigt, tandis que les lignes digitales s'échelonnent transversalement.

L'empreinte, figure 11, représente la forme tactile à travers laquelle nous croyons toucher deux billes, parce que nous touchons deux fois une même bille avec l'index et le médius maintenus croisés.

L'empreinte, figure 12, représente la forme tactile à travers laquelle la bille touchée par l'index et le médius non croisés nous parait sphérique. Dans la

Discrimination du toucher de l'index avec orientation inverse à celle des lignes digitales.

Discrimination du toucher de l'index et du médius maintenus croisés.

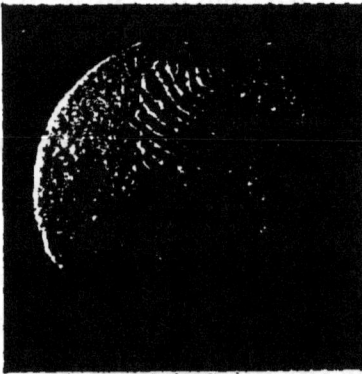

Index.

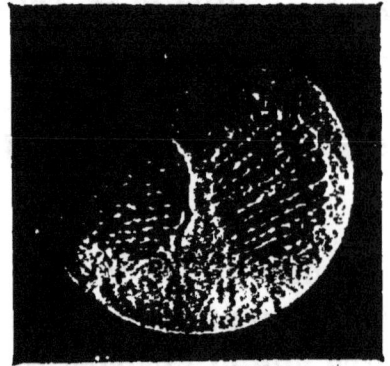

Index.   Médius.

Fig. 10. — Image visuelle du toucher qui correspond à l'illusion que la bille est cylindrique.

Fig. 11. — Image visuelle du toucher qui correspond à l'illusion de sentir deux billes.

réalisation assez lente et extrêmement légère de ces genres de touchers, il existe un état de conscience très intense des rapports linéaires qui s'établissent entre les deux touchers sous l'influence des mouvements de va-et-vient des doigts, et jamais une ligne blanche ne se trouve placée parallèlement à une ligne noire.

Dans ces images linéaires on constate bien le phénomène des *voies ouvertes* dont nous avons parlé; la pensée devient voyante dans l'espace interne bien plus que nos yeux ne le seraient dans l'espace externe. Pour voir comme notre pensée voit pendant que nous réalisons ces touchers, il leur faudrait des verres grossissant considérablement.

L'empreinte, figure 13, représente le toucher sphérique par la fusion des lignes digitales des trois sur-

Discrimination du toucher de l'index et du médius avec fusion des lignes digitales.

Discrimination du toucher du pouce, de l'index et du médius droits avec fusion des lignes digitales.

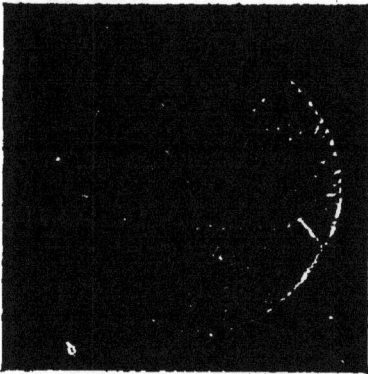

Index.   Médius.

Ponce. Index.. Médius.

Fig. 12. — Image visuelle du toucher qui correspond à l'image mentale de la sphéricité de la bille.

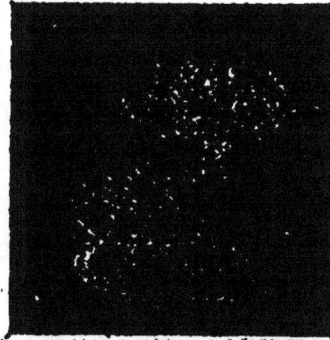

Fig. 13. — Image visuelle du toucher qui correspond à l'image mentale de la sphéricité de la bille.

faces mises en contact avec une bille : le pouce, l'index et le médius droit.

Nécessairement, on ne voit qu'approximativement sur cette empreinte circulaire la position initiale assez distante des trois surfaces, car c'est par le roulement de la bille entre les doigts que la fusion des touchers se produit! Ce roulement se fait, comme

dans l'empreinte circulaire précédente, très légèrement et lentement comme si l'on calculait, par
l'analyse mentale des sensations, le dessin linéaire
réalisé par *la représentation simultanée de toutes
les lignes digitales dont il se compose.*

Il est à supposer que si, dans ces coordinations
linéaires affinées provoquées par les mouvements de
va-et-vient des doigts, la conscience arrive à percevoir simultanément la totalité des séries linéaires
qui se forment, c'est que, au-dessous de ce phénomène conscient, la vue mentale inconsciente perçoit aussi l'unité géométrique de la structure linéaire
des pulpes.

C'est à cette totalité de perceptions que doit se
ramener cette action complexe d'orientation linéaire
unifiée, acquise dans le toucher.

Ces voies ouvertes démontrent l'ordre qui doit être
établi pour que la pensée circule dans les voies péri-
phériques; circulation qui, comme nous l'avons dit,
s'identifie avec la *vue mentale.*

Mais, dans ce triple toucher, les voies ouvertes se
ferment (pour ma sensibilité du moins) dès que je
cherche à me servir du pouce, de l'index et du
médius gauches (voir fig. 14).

Dans ce toucher, la position initiale des trois doigts
gauches n'étant pas la même, l'équilibre ne peut se
faire ; la fusion des trois surfaces mises en contact
avec la bille ne peut être obtenue parce que ces surfaces sont groupées en trois directions différentes
comme s'il y avait trois volontés distinctes en jeu.
Ignorante de l'erreur commise, l'intelligence attribue
les angles provoqués dans l'orientation divergente

des lignes digitales à l'objet touché, elle a l'illusion que la bille est anguleuse.

On peut admettre que dans ces phénomènes du toucher, on voit toujours la modification de la forme des pensées correspondre aux modifications géomé- triques des combinaisons linéaires dans les images réelles du toucher. Ces images correspondent, d'une façon plus intime, à nos sensations qu'aux objets dont elles sont censées nous représenter la forme; de

Discrimination du toucher du pouce, de l'index et du médius gauches avec orientation fautive.

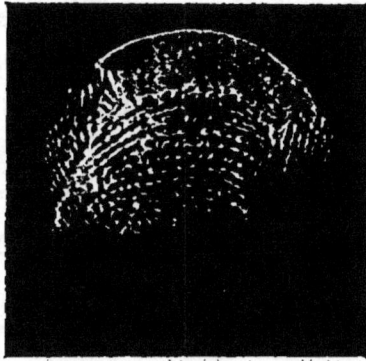

Médius.   Index.   Pouce.

Fig. 14. — Image visuelle du toucher qui correspond à l'image mentale d'une bille anguleuse.

sorte qu'elles nous font penser faux ou juste, selon qu'elles sont fausses ou justes.

Cette coordination ou incoordination des sensa- tions exerce la même influence dominante dans les touchers où l'habileté fonctionnelle de la main entre en jeu.

Cette corrélation apparaît du reste déjà dans les angles des empreintes figure 14, car ces angles repré- sentent le toucher maladroit, inadapté qui entraîne

non seulement l'erreur mentale, mais l'erreur fonctionnelle ; il y a, en principe, un autre rythme dans
l'orientation linéaire de chacun des trois touchers
des doigts gauches ; la fusion rythmique du mouvement de va-et-vient ne peut s'établir. *L'erreur existe
donc dans le rythme comme elle existe dans la
forme du toucher.*

Toutes les imperfections du toucher artistique
peuvent être ramenées à une base géométrique fautive ou incomplète.

Qu'il s'agisse du manque d'harmonie du toucher
chez le pianiste ou chez le peintre, c'est aux différentes manières de sentir le clavier, le pinceau, que
se ramène l'art de transmettre des images, qu'elles
soient en sons ou en couleurs.

Ainsi l'incoordination linéaire des surfaces mises
en contact avec un porte-plume que je tiens en main
se retrouve, avec un grossissement vraiment remarquable, dans les dimensions et les rapports linéaires
de mon écriture.

*L'adresse et la maladresse manuelles éclairées par
la géométrie des combinaisons linéaires.*

En 1896 déjà j'ai remarqué que, selon qu'en écri-
vant je tiens la plume de la main gauche ou de la
main droite, les empreintes prennent dans le premier cas, les formes linéaires, figures 15 et 16, dans
le second, les formes linéaires, figures 17 et 18.

Dans le toucher de la main droite, les voies sont
ouvertes, car l'attitude des quatre doigts s'équilibre
par une seule orientation linéaire, en faisant opposi-

tion à l'attitude du pouce dont l'orientation linéaire produit un croisement avec celle des quatre doigts.

Nous voyons donc d'une part l'unité des sensations établies entre les quatre doigts, d'autre part l'oppo-

L'association des touchers de la main gauche. (Empreintes qui correspondent à l'écriture déréglée, fig. 19).

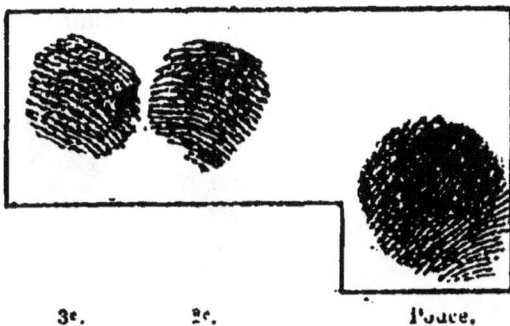

Fig. 15. — Empreintes faites en posant, pour écrire, le pouce, l'index, et le médius gauches, sur une bande de papier enroulée autour du porte-plume.

Fig. 16. — Empreintes faites en posant le 4ᵉ et le 5ᵉ doigt gauches sur le papier comme guides de la main qui se déplace.

sition des sensations établies entre les quatre doigts et le pouce.

Dans les quatre doigts gauches, au contraire, les voies sont fermées entre trois doigts et précisément entre le 4ᵉ et 5ᵉ doigt où elles sont ouvertes, l'orientation est fausse, car au lieu d'être en opposition avec l'orientation linéaire du pouce elle concorde avec elle.

Quant aux touchers de l'index et du médius, les différences d'inclinaisons linéaires indiquent que les

L'association des touchers de la main droite. (Empreintes qui correspondent à l'écriture normale, fig. 20.)

Pouce.   2ᵉ.   3ᵉ.

Fig. 17. — Empreintes faites en posant, pour écrire, le pouce, l'index et le médius droits, sur une bande de papier blanc enroulée autour du porte-plume.

4ᵉ.   5ᵉ.

Fig. 18. — Empreintes faites en posant le 4ᵉ et 5ᵉ doigt droits sur le papier servant d'appui à la main qui se déplace.

sensations sont interrompues entre ces deux doigts comme elles sont interrompues entre ces deux doigts et les 4ᵉ et 5ᵉ doigts.

Ces voies fermées ou mal ouvertes produisent un déséquilibre rythmique qui entraîne le déséquilibre de l'écriture de ma main gauche (voir fig. 19) comparée à l'écriture de la main droite (voir fig. 20).

Écriture qui correspond aux associations fausses du toucher de la main gauche établies par les empreintes fig. 15 et 16.

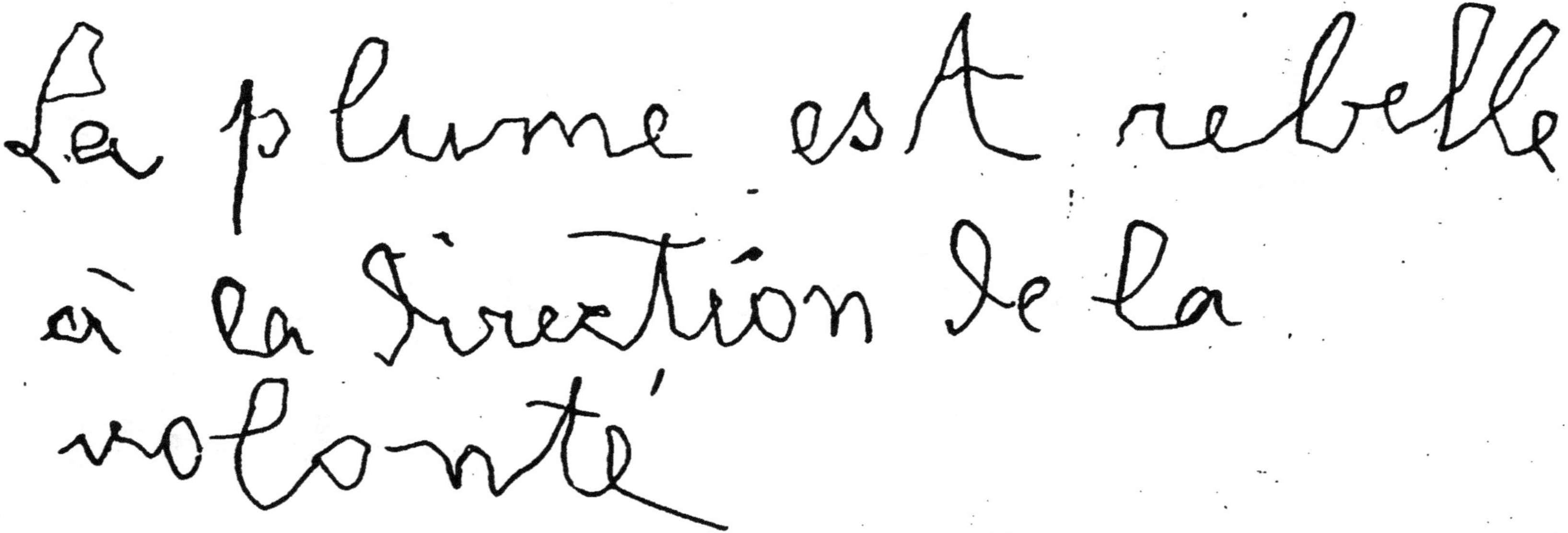

la plume est rebelle à la suggestion de la volonté

Fig. 19. — Écriture de la main gauche.

Écriture qui correspond aux associations du toucher de la main droite établies par les empreintes fig. 17 et 18.

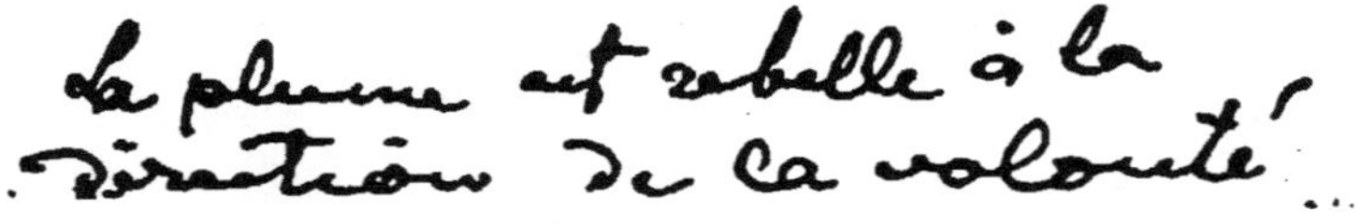

la plume est rebelle à la direction de la volonté

Fig. 20. — Écriture de la main droite.

Ces observations ont trouvé une confirmation involontaire dans le fait que l'écriture de ma main gauche, si déréglée en 1896, est, à mon insu, devenue quelques années plus tard, sous l'influence du développement de mon toucher musical, presque semblable à celle de la main droite (voir fig. 23), et corrélativement les associations linéraires des em-

L'association des touchers de la main gauche obtenue en 1899. (Empreintes qui correspondent à l'écriture fig. 23.)

3⁰. 2⁰. Pouce.

Fig. 21. — Empreintes faites en posant, pour écrire, le pouce, l'index et le médius gauches sur un porte-plume entouré d'une bande de papier blanc.

5⁰. 4⁰ doigt.

Fig. 22. — Empreintes faites en posant le 4⁰ et le 5⁰ doigt gauches sur le papier servant d'appui à la main qui se déplace.

preintes sont devenues presque conformes à celles de la main droite (voir fig. 21 et 22).

Les résultats de ces recherches démontrent (I) que

de très petites différences des groupements linéaires agissent sur les rythmes des mouvements et peuvent correspondre ainsi à des modifications considérables des fonctions manuelles ou mentales et (II) que les causes physiologiques de l'intelligence aussi bien que de l'inintelligence fonctionnelle correspondent à une discrimination de sensations dont on ne soupçonnait pas l'existence.

Modification de l'écriture de la main gauche constatée en 1899.

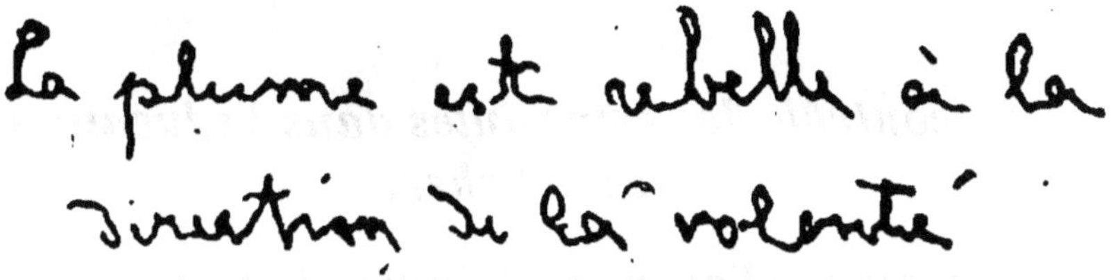

Fig. 23. — Écriture qui correspond à l'association des touchers établie par les empreintes fig. 21 et 22.

Pour cette raison, l'inintelligence peut nous paraître, dans sa corrélation avec les sensations tactiles, un phénomène aussi remarquable que l'intelligence. L'acte est extériorisé avec une corrélation aussi adéquate, qu'il soit intelligent ou inintelligent, ce sont les causes initiales qui ont varié.

CHAPITRE VII

LES SENSATIONS DE SURFACES ET LA GÉOMÉTRIE LINÉAIRE DU TOUCHER MUSICAL

Le contrôle des empreintes dans l'éducation du toucher.

Comme nous l'avons déjà indiqué, ce sont les lois physiologiques des sons qui se retrouvent dans la physiologie du toucher musical. Dans l'harmonie musicale, les rapports des intervalles (tierce, quarte, quinte) sont basés sur des chiffres simples, correspondant à des différences de nombres des vibrations, tandis que les différences de timbre proviennent des harmoniques déterminés par la modification du caractère des vibrations. Dans l'harmonisation des touchers des cinq doigts, les différences d'attitudes exigées, représentent les chiffres simples du toucher musical, tandis que les harmoniques de ces chiffres simples, restés jusqu'ici en dehors du domaine de l'éducation, apparaissent dans l'examen des empreintes sous forme de surfaces linéaires mal ou bien agencées.

Dans les groupes de touchers, les rapports des lignes digitales peuvent être considérés comme l'inscription précise de la résultante des rapports simples, provoqués par la différenciation volontaire des attitudes des doigts.

Dans l'évolution de l'éducation qui se prépare, il s'agirait de combiner dans une certaine mesure l'éducation de tous les sens avec l'éducation du toucher, dont l'affinement progressif peut être contrôlé par la géométrie linéaire des sensations tactiles rendues apparentes par les empreintes. On pénétrerait ainsi plus en avant dans la géométrie des phénomènes cérébraux, dont les intelligences supérieures doivent bénéficier d'une façon générale, tandis que les intelligences inférieures en pâtissent, sans qu'on ait su jusqu'à présent soutenir ou diriger les efforts des uns et des autres avec la clairvoyance voulue.

Dans l'enseignement nouveau dont il s'agit, c'est l'organisme de l'exécutant qui est considéré comme le véritable instrument de musique, tandis que le piano qui transforme ses combinaisons sensorielles fausses ou justes en musique mauvaise ou bonne, n'est lui-même considéré que comme un miroir, qui permet non seulement de se connaître soi-même, mais, chose encore préférable, de se perfectionner.

Quoique cette polyphonie sensorielle des pressions, transmissible au clavier, ne puisse être atteinte chez l'adulte qu'à la suite d'une transformation visible dans l'aspect général de la main, transformation acquise par l'éducation des mouvements élémentaires, néanmoins c'est dans cette voie que l'effort de l'enseignement doit être dirigé chez l'adulte et à plus forte raison chez l'enfant, dont les admirables facultés manuelles s'amoindrissent avec le développement de la croissance, de l'âge de onze à quatorze ans, et disparaissent généralement ensuite sans avoir été utilisées. Cette disparition est une perte pour l'existence ultérieure, on pourrait dire pour toutes les existences ultérieures, s'il y a procréation. Car les acquisitions définitives du perfectionnement manuel se feront à travers les générations par des transformations organiques graduelles de la main.

Rapports entre les différences des dimensions perçues et les différences du timbre de la sonorité.

Nous avons dit précédemment que les pressions des cinq doigts doivent pouvoir se régler comme si nous distinguions entre elles les différences respectives de nombres qui existent entre les vibrations des couleurs du prisme. Ajoutons que cette analogie se complète par le fait que l'intensité des sensations évolue sur chaque pulpe, de manière que l'intensité du *coloris* musical augmente ou diminue, allant du clair au sombre, ou du sombre au clair, selon la localisation du toucher.

C'est sur la région qui fait attribuer les dimensions moindres aux formes touchées qu'on transmet, même dans le pianissimo, le maximum d'intensité à la sonorité; mais le timbre s'adoucit à mesure que la localisation du toucher est déplacée vers les régions où les dimensions perçues s'accroissent.

L'harmonie des pressions et l'harmonie musicale.

On constate, en somme, que le système musical et les combinaisons coordonnées des sensations tactiles forment deux harmonies indépendantes l'une de l'autre, mais qui peuvent concorder.

Par le manque d'adaptation des pressions, il peut arriver que le pianiste fasse disparaître partiellement l'harmonie des intervalles et des tonalités musicales, sous l'influence de la discordance des pressions; mais inversement, il peut arriver aussi que les sons, malgré leurs discordances, soient amenés à fusionner dans l'harmonie des pressions.

Cette harmonie des pressions réside dans une conscience supérieure dont on ne peut vraiment avoir une notion exacte qu'à travers les sensations auditives, c'est-à-dire à travers l'harmonie musicale avec laquelle elle concorde. Car si ces deux harmonies sont indépendantes, leur unité est néanmoins très intime, puisque l'une de ces harmonies a pu révéler l'existence de l'autre.

Dans nos recherches sur la géométrie linéaire du toucher musical, nous avons vu, d'une part, que la sonorité défectueuse dans laquelle les sons d'un accord loin de fusionner se repoussent, pour ainsi dire, correspond à des dispositions linéaires disparates entre lesquelles il ne subsiste pas de lien : nous avons vu d'autre part que dans l'exécution harmonieuse d'un accord, il se produit, malgré le plus ou moins d'écartement communiqué aux doigts, une correspondance entre l'agencement linéaire des différents touchers.

Voici la démonstration de ce fait :

L'incoordination du toucher. — Les pressions incoordonnées qui désagrègent l'harmonie musicale, correspondent aux trois dispositions linéaires des empreintes, figure 24.

L'harmonie du toucher. — Les pressions harmonieuses qui concordent avec l'harmonie musicale,

Sol bémol.   Si bémol.   Ré bémol.

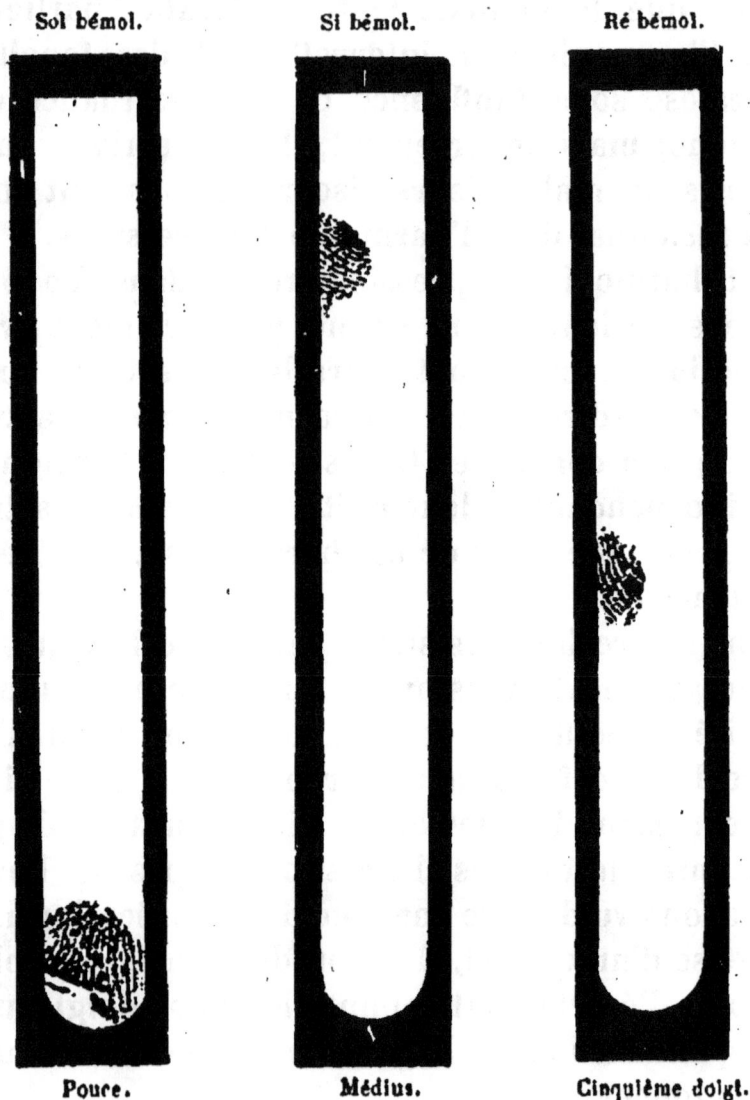

Pouce.   Médius.   Cinquième doigt.

Fig. 24. — Représentation visuelle de l'incoordination des trois touchers du pouce, du médius et du cinquième doigt droits.

correspondent aux trois dispositions linéaires des empreintes, figure 25,

C'est cette faculté d'harmonisation linéaire qui

peut être considérée comme la base géométrique des

Sol bémol.   Si bémol.   Ré bémol.

Pouce.   Médius.   Cinquième doigt.

Fig. 25. — Représentation visuelle de l'harmonie du toucher
du pouce, du médius et du cinquième doigt droits.

conceptions esthétiques inhérentes à la pensée de
l'interprète.

Si l'on compare les empreintes, figure 25, à celles,
figure 24, dont l'incohérence désagrège à la fois

l'harmonie musicale et l'activité mentale de l'interprète, on doit supposer que l'interprète est incapable de penser aux relations existantes entre les sons émis par ses pressions, si le champ de sa sensibilité se fractionne de manière à se décomposer en petites unités sans liens. Par contre l'élargissement des facultés mentales semble relié à l'élargissement du champ de la sensibilité ; le cadre dans lequel les phénomènes artistiques s'accomplissent semble s'élargir à la fois visiblement dans l'espace et invisiblement dans la pensée.

On peut dire que les relations inhérentes aux sons émis par les pressions, apparaissent corrélativement à l'élargissement qui se fait dans les relations des sensations tactiles. Comme libérée par cet élargissement du cadre des sensations, la pensée de l'interprète s'élargit et résoud les problèmes esthétiques avec un renouveau inépuisable.

La représentation visuelle des claviers minuscules de l'appareil de la sensibilité tactile.

En réalité, celui qui touche musicalement éprouve des sensations tactiles intenses, grâce auxquelles il peut se représenter visuellement les claviers minuscules de ses pulpes qu'il met en contact avec les touches.

Ceux qui harmonisent leurs pressions sans connaître le mécanisme linéaire correspondant à cette harmonie n'en possèdent pas moins une représentation intuitive, puisque c'est par la coordination linéaire intuitive que leur toucher devient musical.

Chez ceux qui l'ont acquise volontairement, cette harmonie correspond non seulement à des sensations de vibrations constantes perçues dans toute l'étendue des phalangettes, mais il s'y joint aussi des sensations plus intenses encore éprouvées dans les ongles, telles qu'on les éprouve réellement quand on réalise une pression. De plus, les mains, maintenues immobiles dans l'espace, restent elles-mêmes si vibrantes, qu'elles seraient portées à accuser les yeux d'impuissance, puisque l'espace paraît vide à ceux-ci, tandis qu'à elles l'espace reste si perceptible qu'il semble s'adapter comme un gant d'une élasticité fluide, aux sillons les plus infimes de leur peau ; et loin de produire la moindre gêne, ces sensations d'espace servent de stimulant aux mouvements dont la liberté apparaît plus complète.

Nous sommes loin de l'insensibilité que l'immobilité d'attitude prolongée de la main devait entraîner, selon Gratiolet. Néanmoins, ces résultats ne doivent être qu'un faible acheminement vers l'affinement de la sensibilité, réservé sans doute aux générations futures, affinement dont les conséquences peuvent être si considérables par l'influence qu'il exerce sur le perfectionnement général des sens. Car, en somme, l'harmonisation volontaire des touchers correspond à un état de conscience en quelque sorte nouveau, qui ne s'applique pas seulement aux fonctions artistiques des doigts. Dans cet état de conscience, tout est perçu différemment par la main.

La dissociation des doigts et la dissociation de l'espace.

La dissociation des doigts lorsqu'elle est bien complète, développe le besoin très caractéristique de maintenir les doigts écartés les uns des autres. Pour une main dissociée, l'effort semble résider dans le fait de ramener les doigts au contact et non pas de les maintenir écartés. C'est qu'on ne sent, en effet, vraiment le lien par lequel les sensations de la main s'unifient que lorsque les doigts ne se touchent pas, s'ils ne sont pas en communication directe. La pensée élargit effectivement le cadre des sensations tactiles réelles à travers des fils conducteurs invisibles, dans lesquels se localisent des sensations nouvelles qu'on pourrait appeler *irréelles*.

C'est-à-dire qu'il se fait une identification remarquable entre la capacité de se représenter visuellement l'orientation des claviers minuscules des pulpes et la capacité de mesurer l'espace qui s'introduit entre les écartements des doigts, pendant l'exécution des touchers. On sent les divisions de l'espace succéder à la division de la sensibilité tactile, comme si l'on voyait des fils tendus au delà des organes visibles, de sorte que la main ne semble former qu'une seule force avec l'espace qui l'entoure.

Sous l'influence de cet élément élastique, rendu mesurable par l'affinement des sensations tactiles, la conscience se modifie au point qu'il semble qu'une conscience distincte se forme dans chaque doigt, et qu'à travers ces consciences distinctes apparaît l'unité de la main dans un équilibre constant provenant de la liberté de mouvements acquise par chaque doigt.

Transmise au clavier, l'harmonisation des pressions produit, si l'on peut dire ainsi. une photographie auditive des sensations tactiles; et ces sensations qui ne paraissent se rapporter qu'à la surface des pulpes sont en réalité en corrélation avec une adaptation spéciale de la totalité des sensations musculaires provoquées dans l'organisme. C'est cette totalité des sensations qui donne la mesure du contrôle qu'il faudrait établir pour apprécier le caractère fondamental des sensations harmonisées correspondant à l'harmonie linéaire du toucher. — Nous sommes loin de cette plénitude de connaissances.

Généralisation de la dissociation musculaire.

Si l'éducation du toucher musical ouvre des voies neuves au perfectionnement de la sensibilité générale, c'est que l'harmonie musicale, acquise dans les attitudes et les mouvements des doigts, correspond à une dissociation musculaire qui s'étend des attitudes des doigts aux attitudes des orteils et rayonne, pour ainsi dire, d'une extrémité du corps à l'autre. Et la finesse des nouvelles acquisitions musculaires est telle que non seulement les orteils subissent peu à peu une influence qui leur permet de reproduire les mêmes attitudes différenciées que les doigts, mais à la suite de mon perfectionnement manuel, mon quatrième orteil, par exemple, a acquis la faculté de se mouvoir isolément, et j'ai nettement conscience des processus musculaires complexes qui s'opèrent pendant cette action inconsciemment acquise, qui

n'est qu'une résultante du perfectionnement fonctionnel de mes doigts. Quelques années plus tard
seulement, la dissociation a commencé à s'établir
aussi dans mon deuxième orteil.

L'élargissement des conceptions esthétiques et les sensations de raccourcissement des distances.

En ce qui concerne l'affinement de mes sensations
tactiles, j'ai l'impression qu'il agit sur mes pensées
de deux façons différentes :

1° Je sens dans l'échelonnement des intervalles,
allant du pouce au cinquième doigt et inversement,
la durée du parcours se raccourcir, de là l'impression d'un rapetissement ;

2° Je sens au contraire, dans les conceptions
esthétiques, un agrandissement se faire, parce que le
déroulement des rapports établis entre les sons
s'élargit considérablement.

C'est donc ce raccourcissement des distances
éprouvé dans les fonctions tactiles et musculaires,
qui semble correspondre à l'élargissement des
conceptions esthétiques chez l'interprète.

Mais on peut dire que cet élargissement de la pensée de l'interprète correspond chez l'auditeur à un
effet inverse : les rapports qui s'établissent dans le
déroulement des sons semblent pour lui se resserrer.
C'est-à-dire que, parce qu'il saisit mieux les rapports
dans l'ensemble des notes, il écoute mieux et apprend
ainsi à se souvenir plus longtemps des notes enten-
dues ; et c'est cette intensité du souvenir qui lui
donne l'impression que les notes se rapprochent
davantage.

L'orientation de deux pressions et la fusion de deux sons.

Mais on peut supposer que l'orientation des pressions exerce sur l'harmonisation du toucher une

Sol bémol.   Ré bémol.

5e doigt gauche.   5e doigt droit.

Fig. 26.   Fig. 27.

Représentation visuelle de la fusion de deux sons
par le toucher des deux 5es doigts.

influence encore plus fluide que celle exercée par les dispositions respectives des combinaisons linéaires

Pouce.   Index.

Fig. 28.   Fig. 29.

Représentation visuelle du toucher du pouce et de l'index droits.

du toucher. Car on peut, par les pressions des deux cinquièmes doigts, par exemple, provoquer une fusion absolue de deux sons, au plus léger contact avec les touches, si les surfaces mises en contact ont une orientation linéaire symétrique conforme aux empreintes, figures 26 et 27, et si les pressions sont orientées symétriquement de la région moins sensible à la région moyenne.

Mais si, au contraire, ces pressions sont orientées parallèlement dans les deux mains, quel que soit le sens de cette orientation, la fusion des deux sons disparaît. Donc, l'harmonie linéaire à travers laquelle on oriente les pressions peut perdre plus ou moins de son action, selon que l'orientation est établie symétriquement ou parallèlement dans les deux mains.

Néanmoins, cet effet n'est pas constant, car on peut obtenir par le groupement parallèle des lignes digitales des touchers du cinquième doigt gauche, figure 26, et du pouce droit, figure 28, une fusion de deux sons ; mais, précisément, dans ce cas, l'orientation doit aussi être parallèle et c'est par l'orientation symétrique que la fusion disparaît.

Au contraire, la fusion est rendue impossible en combinant par exemple le toucher de l'index droit, figure 29, avec celui du cinquième doigt gauche, figure 26, et cela quelle que soit l'orientation communiquée aux pressions transmises aux touches.

L'impénétrabilité dans la résonance de deux sons.

On pourrait multiplier à l'infini les analyses des pressions par rapport à la fusion des sons. Mais le fait que deux sons puissent être joués de façon qu'on les entende comme si quelque chose s'interposait entre eux, paraît plus frappant encore, car la

persistance même de cet effet peut, avec une netteté remarquable, être analysée jusque dans les
plus faibles vibrations perceptibles pour l'oreille
pendant que les deux sons s'éteignent.

La cause de cette espèce de juxtaposition des sons
reste encore aussi inexplicable que celle de l'harmonie des pressions qui entraîne la fusion des sons.

Mais il y a tant d'indices concordants dans l'ensemble des phénomènes perçus, qu'un acheminement vers des connaissances nouvelles semble se
faire.

La localisation de la pensée et l'orientation des pressions.

Nous avons vu, page 43, comment la pensée pon-
dère le mouvement des doigts par l'image mentale
simultanée d'un mouvement en sens inverse. Mais
dans l'exécution des pressions, nous voyons au contraire que la pensée, selon sa localisation, exerce
une attraction en quelque sorte irrésistible sur la
direction des pressions.

Un fait caractéristique qui démontre bien l'intensité du lien qui relie l'exécution de la pression à la
pensée, c'est que, si, en se représentant nettement
les dispositions linéaires de la surface du doigt posée
sur la touche, on localise la pensée sur un point
terminal de ces lignes, soit à droite, soit à gauche,
l'orientation de la pression ne peut se faire que
du côté où est la pensée. Nécessairement, ce fait
demande une observation minutieuse, car chacun
peut communiquer n'importe quelle direction à la
pression d'un doigt malgré cette intention de con-

trôle, s'il est incapable d'observer que sa pensée cesse d'être localisée à l'endroit voulu au moment où la pression prend une direction différente.

Il s'agit ici de phénomènes subtils qu'on ne peut vraiment provoquer que lorsqu'on a une conscience tactile très développée.

Précisément, il s'effectue, par l'évocation de ses rapports attractifs, une modification caractéristique dans l'échelonnement des pressions transmises aux touches. Dès que l'interprète arrive à se représenter l'orientation terminale des lignes digitales mises en contact avec le clavier, il constate qu'une transformation s'opère dans son jeu. Par cette localisation terminale, la pensée prend, en effet, une avance sur la réalisation des touchers, de sorte que les pressions suivent corrélativement l'orientation de la pensée comme mues par un attrait inévitable ; elles vont où la pensée *est*. C'est de cette communion que surgit l'allure rythmique du toucher.

Si, par sa localisation, la pensée peut déterminer le caractère rythmique des pressions, c'est que partout où il y a pensée, il y a rythme. De là, la supériorité communiquée par la pensée aux pressions et aux mouvements ; ils participent à une vérité plus haute dont la pensée est une manifestation impénétrée : *le rythme.*

L'indépendance de la pensée.

Et dans sa faculté de pénétration, la pensée s'oriente librement dans toutes les directions. C'est-à-dire que la pensée se forme une image de tous les mouvements réalisés ; elle a aussi la représentation de tous les sons correspondants, mais elle a de plus la faculté de passer de tel mouvement à tel autre mouvement, de tel son à tel autre son, et par conséquent la faculté de superposer une activité mentale tout à fait libre à l'activité fonctionnelle et sensorielle normale ; elle établit ainsi un mouvement indépendant dans les mouvements et une musique indépendante dans la musique, c'est-à-dire des relations indépendantes entre les notes dont les relations sont définies par l'écriture musicale.

On pourrait dire que, dans ces conditions, la pensée déploie une force supérieure à laquelle les mouvements, exécutés par les doigts, participent.

Cette supériorité s'explique par le fait que la pensée des mouvements qui doivent se réaliser est quelque chose de très supérieur aux mouvements eux-mêmes, car nous pouvons exécuter ceux-ci sans les ramener aux lois générales qui devraient être inhérentes à leurs rapports.

Autrement dit, nous pouvons les exécuter sans vérité rythmique, tandis qu'au contraire nous ne pouvons pas réellement les penser dégagés de cette vérité rythmique.

Lorsque, se reportant en arrière, on compare cette intensité des facultés intellectuelles suscitées par les mouvements artistiques à l'arrêt de la pensée qu'entraîne l'exécution des mouvements uniformes non cérébralisables, il apparaît qu'entre cette intensité d'activité cérébrale et cet arrêt de l'activité cérébrale, une différence fonctionnelle initiale doit exister.

Laquelle ?

D'une part, nous voyons que dans tout mouvement

dans lequel il n'y a pas de mouvement, aucun élément élastique, aucun changement géométrique, qui
correspondrait fatalement à un changement rythmique ne peut se développer. Il n'y a en somme
qu'un seul élément, une fraction uniforme, qui ne
peut être influencé que par l'accroissement du nombre, car la fraction change de valeur en propor-
tion du nombre total auquel elle se rattache.

D'autre part, nous voyons que dans le mouvement
artistique, c'est précisément de l'élément élastique
que se dégage le stimulant cérébral le plus intense
à partir du moment où il devient mesurable pour la
pensée.

Pourquoi la pensée mesure-t-elle d'abord si mal
et ensuite si bien ?

C'est parce qu'elle ne peut mesurer que par le
changement et, pour cette raison, elle ne peut circuler dans les mouvements que s'ils contiennent des
changements qu'on pourrait assimiler au caractère
rythmique des oscillations pendulaires.

Une image circulaire des oscillations pendulaires.

Si, en appelant à son secours l'imagination, on se
représente non seulement un seul, mais des milliers
de balancements pendulaires, partant tous d'un
même point d'attache, mais situés dans des plans
verticaux différents, ils pourraient se confondre à
leur point d'attache et former une circonférence à
leurs extrémités opposées.

En partant de cette circonférence on pourrait, en
imagination, tracer des milliers de circonférences qui
lui seraient concentriques, allant en se rétrécissant

jusque vers leur centre commun et en admettant que
ces cercles puissent être animés respectivement du
même mouvement que les balanciers à l'endroit où
les croisements se produisent, on aurait autant de
vitesses de mouvements différentes qu'on aurait de
cercles. A mesure que les cercles se rétrécissent, ils
seront animés d'une vitesse plus grande.

C'est cette image complète qui servira de point
de départ aux idées qui vont suivre.

Les rythmes des oscillations pendulaires et l'esthétique musicale.

La région plus sensible des pulpes où nous attribuons des dimensions moindres aux objets touchés,
concorde avec celle où les doigts atteignent leur
maximum d'opposition dans l'attitude de la préhension[1]. Cette opposition semble en principe constituer
une force concentrique à intensité plus ou moins variable selon que le pouce s'oppose à des doigts différents.

Mais dans le jeu du pianiste, où il s'agit des deux
mains, cette tendance rythmique à vitesse croissante
doit s'unifier : c'est-à-dire que les deux pouces
doivent provoquer une accumulation de sensations
centrales, mais non une rupture entre les sensations
des deux mains.

L'unification du timbre provoquée par un jeu harmonieux en fournit la preuve.

Du reste, déjà dans les plus petits déplacements
que nous réalisons la plume à la main, la différencia-

1. Ch. Féré : la *main*, la *préhension*, le *toucher*. *Revue philosophique*, 1896, XLI, p. 62.

tion rythmique corrélative à l'orientation des traits joue un rôle important, elle peut être mise en lumière par les procédés suivants :

Les quatre orientations des traits et les états de conscience correspondants.

Il s'agit ici de déplacements qui, quoique minuscules, font sentir que dans les plus infimes sensations de mouvement, il existe quatre différenciations rythmiques principales. C'est-à-dire que les degrés intermédiaires qui existent entre la sensation de faire *un point* et celle de changer ce point en *un trait* minuscule se modifient avec chaque orientation différente.

Plus les sensations nous instruisent vite du changement qui s'est accompli par le déplacement de la plume, plus l'interruption, l'arrêt sera prompt. D'où résulte la durée différente des mouvements et par conséquent leur différence de dimension.

Les différences d'états de conscience dont il s'agit ici, sont très subtils ; chacun n'est pas à même de les observer.

Voici les différences constatées chez moi.

La plume étant tenue dans la main droite, c'est la série des traits orientés horizontalement d'avant en arrière qui produit les dimensions moindres ; l'orientation inverse, d'arrière en avant, produit au contraire les dimensions les plus fortes[1].

1. S'il s'agit d'une orientation verticale, ce sont nécessairement les traits orientés de haut en bas qui produisent les dimensions moindres et ceux orientés de bas en haut les dimensions les plus fortes.

Dans l'orientation transversale, les dimensions sont moindres dans les traits allant de droite à gauche que dans ceux allant de gauche à droite.

Ces quatre dimensions différentes correspondent à quatre états de conscience différents, à travers lesquels on ne peut ni sentir ni agir de la même façon : chaque fois que l'orientation du mouvement varie, le rythme varie.

Ce sont, en quelque sorte, les quatre points cardinaux de la conscience qui préside à l'orientation des mouvements dans tous les sens. Car ces quatre points cardinaux peuvent être reliés entre eux, et il doit se constituer par ce lien des sensations intermédiaires en constantes variations, dont l'analyse est comme une incarnation nouvelle de ce que nous appelons *ia forme*.

La forme et le rythme.

Si, partant du fait acquis des quatre états de conscience que j'ai constatés dans l'orientation différente des traits, je m'applique à me les représenter tour à tour pendant que je trace avec la plume un trajet circulaire, je sens, pendant la réalisation de ce trajet, les quatre états de conscience fusionner en se succédant les uns aux autres. Cette fusion éveille des sensations rythmiques différentielles d'une si merveilleuse netteté, que l'idée de concevoir la forme en dehors du rythme m'apparaît comme une ignorance qui nous cache en réalité la connaissance de la forme. Cette conception partielle qui nous force à entrevoir la forme sans entrevoir la subdivisibilité du temps inhérente à l'espace occupé par cette forme, entraîne fatalement une impuissance grossière, qui entrave à la fois l'éducation du regard et celle du mouvement.

Apprendre à dessiner sans apprendre *le rythme des mouvements* correspondant à *la forme des mouvements*, c'est se servir volontairement de béquilles au lieu de se servir de jambes pour marcher. Si l'éducation se fait comme si l'on était infirme, on cultive fatalement des infirmes.

Le manque d'éducation de notre sensibilité tactile entraîne, il est vrai, une véritable dégradation de notre activité manuelle, de sorte que nous sommes tous réellement des infirmes par rapport aux ressources renfermées dans la structure et dans la motilité de notre main, ressources dont l'inutilisation est, au point de vue du développement cérébral, une perte de force qui rétrécit singulièrement l'activité de notre pensée.

C'est par l'éducation de ma main que ces différences rythmiques me sont devenues graduellement perceptibles, non seulement dans mes mouvements, mais dans ceux des autres et en général dans tout mouvement que je perçois. Et ces perceptions correspondent à une activité mentale intense, qui me suggère des impressions toutes nouvelles. Ainsi, pendant que je trace le trajet circulaire dont j'ai parlé, non seulement la représentation simultanée du rythme et de la forme renforce mes conceptions des rapports de ce trajet circulaire, comme si des différenciations prismatiques de coloris émanaient de ma plume pendant la durée de chaque parcours, mais pendant que je trace cette ligne circulaire, je

me représente malgré moi un point central qui
lui-même serait divisible en quatre vitesses différentielles; et de ce point s'étendent comme en un tour-
billonnement continu des différenciations rythmiques circulaires par lesquelles l'espace renfermé
dans la ligne tracée est divisé en une multitude de
cercles dont aucun n'a une vitesse égale de parcours. C'est de cette sensation de plénitude de l'espace que surgit la forme tracée.

Evidemment, de cette sensation de plénitude ne
peut surgir qu'un trajet circulaire correct; et du
reste de quelque forme qu'il s'agisse, c'est cette
capacité de conscience intégrale qui anime le mouvement de l'artiste. Elle est *l'intuition* qui le guide.

La mesure est en nous, et ce fait sera bien mieux
prouvé un jour par l'éducation physiologique de la
main qui développera pratiquement la conception
de la mesure, qu'il ne l'a été jusqu'ici, à l'aide de la
réflexion, avec des mesures théoriques, par l'éducation intellectuelle dont nous représentons, à l'heure
actuelle, le produit survivant.

*L'allure esthétique dans le rythme du regard
et l'allure esthétique des mouvements artistiques.*

Cette plénitude de sensations d'espace qui doit
animer la conscience du peintre, du dessinateur, est
équivalente à cette plénitude de sensations d'espace
provoquées par les attitudes manuelles du pianiste
dont nous avons parlé.

Nous avons même supposé que ce principe rythmique constaté dans les traits tracés avec la plume,
dans l'échelonnement des pressions des dix doigts

gauches et droits, dans le déplacement du regard, devait se retrouver aussi dans l'ensemble des mouvements exécutés par le pianiste. C'est en plaçant verticalement derrière les touches un miroir, s'étalant sur toute l'étendue du clavier, que j'ai cherché à me rendre compte si, pendant l'interprétation d'une œuvre musicale, la marche de mon regard s'adaptait librement ou avec contrainte, dans le miroir, à la marche des mains et des bras qui s'écartent et se rapprochent par des mouvements de va-et-vient, selon les directions différentes communiquées à l'échelonnement des notes.

Grâce à cette analyse, j'ai constaté que l'allure de mon regard était entravée par cette tentative de fusion; son allure correspondait infiniment mieux que celle de mes bras aux rythmes musicaux que je sentais inhérents à ma pensée musicale et que j'aurais voulu provoquer dans mon jeu. Donc, au lieu de laisser mon regard se guider en suivant les mouvements de va-et-vient de mes bras, j'ai laissé, au contraire, mes bras se guider en suivant les mouvements de mon regard. Sous cette influence, le caractère rythmique de leur déplacement s'est aussitôt transformé. Dès que j'ai tâché d'imiter l'allure de mon regard, la nécessité de varier sans cesse la vitesse des mouvements par lesquels mes bras se déplaçaient m'a paru évidente.

Donc, comme les pulpes produisent, dans l'interprétation musicale, les manifestations auditives harmonieuses au moyen des surfaces à travers lesquelles les perceptions des dimensions sont grandissantes ou diminuantes, les bras doivent, en

principe, ralentir leurs mouvements à mesure qu'ils
s'écartent, et les accélérer à mesure qu'ils se rapprochent, afin d'établir à leur tour les rapports des
oscillations rythmiques dans l'espace qu'ils parcourent.

Ce que doivent être ces rapports n'est détermi-
nable que pour ceux dont l'oreille est assez affinée
pour saisir les différences auditives infimes qu'ils
provoquent dans l'interprétation musicale.

Contradiction entre le rythme dans l'art du chef
d'orchestre et la mesure uniforme de l'écriture
musicale.

On peut considérer la tradition acquise dans la
façon de diriger les mesures à quatre temps, à trois
temps, à deux temps, comme une adaptation intuitive des différences rythmiques acquises dans les
mouvements par la modification de leur orientation.

Car un chef d'orchestre, et cela même lorsqu'il
veut faire chacun de ses mouvements d'orientations
différentes, avec une vitesse maxima, fait en réalité pour une mesure à quatre temps, le mouvement
le plus rapide au premier temps de la mesure, il
amoindrit ensuite involontairement la vitesse de ses
mouvements du deuxième temps, orienté à gauche,
au troisième, orienté à droite, jusqu'au quatrième,
orienté en haut.

Ces rapports contiennent, par le caractère de leur
orientation, ceux que nous avons établis par la quadruple orientation des traits[1] en relation avec quatre

1. L'orientation descendante et ascendante de la mesure du

états de conscience distincts, comme ils contiennent le principe de l'évolution du regard, *a, b, c, d*, et du trajet circulaire défini page 26.

Les mesures du chef d'orchestre sont donc en contradiction avec les mesures uniformes de l'écriture musicale et cela en raison du caractère évolutif des mouvements par lesquels la mesure transmise est inévitablement modifiée, transformée. Et, nécessairement, cette transformation sera d'autant plus affinée, que les *états de conscience* du chef d'orchestre seront plus différenciés.

Transformation de l'écriture musicale et perfectionnement des perceptions visuelles.

Comme cette inertie des mesures uniformes de l'écriture musicale pourrait être à la fois combattue par la physiologie du toucher et l'analyse des mouvements artistiques, dont l'état d'évolution constant est indéniable, elle pourrait être combattue aussi par la physiologie du regard à l'aide d'évolutions visuelles introduites dans le mécanisme uniforme de l'écriture.

C'est-à-dire qu'on pourrait communiquer à ce mécanisme les infimes oscillations rythmiques qui lui manquent, si l'éducation de l'œil était faite de manière à lui permettre de percevoir des différences minimes d'écart ou de rapprochement introduites entre les notes avec le discernement précis de l'unification de leurs rapports.

chef d'orchestre est remplacée dans cette orientation plane par la direction de recul et d'avance dont des différences rythmiques sont d'intensité un peu moindre.

Le compositeur pourrait alors vivifier l'écriture, tout en conservant la distribution des valeurs des notes. Car, selon qu'il les écarterait ou les rapprocherait les unes des autres, les oscillations rythmiques accélérées ou ralenties se transmettraient au regard du lecteur ou de l'interprète.

L'intensité de la fusion rythmique entre l'action visuelle, auditive et tactile.

En faveur de la possibilité d'une éducation de ce genre, il est à noter combien, dans notre écriture musicale actuelle, l'œil perçoit plus de choses qu'on ne sait. Car, si certains exécutants introduisent des arrêts injustifiés entre les mouvements successifs par lesquels leurs doigts exécutent certains traits, c'est que ces arrêts peuvent précisément correspondre à certains écartements conventionnels admis dans la gravure des notes. L'écart, pour l'œil, produit le retard pour l'oreille.

Ces rapports faux, dont les exemples sont multiples, se produisent lorsque dans un trait de seize doubles croches, par exemple, l'écart est plus grand entre les 4e et 5e, les 8e et 9e, les 12e et 13e notes, qu'entre les autres notes. L'œil s'accroche à ces différences, et les doigts traduisent inconsciemment l'écart perçu par l'œil, sous forme d'un retard dans l'enfoncement des touches.

On se rend compte combien, au contraire, l'unité d'allure rythmique de certains traits serait rehaussée si les notes étaient graduellement plus rapprochées ou plus éloignées, selon qu'il s'agit d'un rythme légèrement accéléré ou retardé ; l'œil arriverait ainsi à lire musicalement, parce que les différences infimes de la durée seraient identifiées avec les différences infimes des dimensions.

On introduirait entre les notes un élément élastique infiniment plus subtil que celui inhérent aux mesures uniformes de l'écriture, même déduction faite de ses imperfections surajoutées inconsciemment. Car, par ces genres d'écartement de groupes de notes, on croit faciliter la lecture musicale, sans se douter de l'élément antimusical qui, dans certains cas, s'en dégage pour l'interprétation, parce qu'on ignore la fusion des perceptions des sens et l'unification d'action qui s'en dégage.

On est loin de supposer qu'un faible écartement supplémentaire introduit dans la gravure d'une série de notes puisse influencer défavorablement l'œil, et que cette influence transmise aux touches par les mouvements des doigts finit par influencer non moins défavorablement l'oreille.

Si, un jour, une réforme de ce genre devait être tentée, l'écriture musicale deviendrait elle-même une œuvre d'art, non seulement par rapport aux sensations auditives que le lecteur peut éprouver en lisant, mais par rapport aux sensations visuelles qu'il pourrait éprouver.

Et, lorsque l'art aurait acquis l'affinement qu'exige ce genre de lecture, le problème du rythme serait reculé d'autant; à travers ces gradations perçues dans l'écriture, la pensée du lecteur ou de l'interprète en percevrait d'autres, plus minimes encore; plus la conscience de la divisibilité évolutive du temps progresserait par ce perfectionnement visuel, auditif, tactile, plus la beauté vivante, non seulement de l'art, mais de la nature, se manifesterait devant une humanité devenue plus consciente de la beauté.

Influence des mouvements à rythme ralenti, et des mouvements à rythme accéléré sur les sensations de poids.

Mais ces propriétés des mouvements artistiques, dont nous venons de définir le caractère évolutif, ne se rapportent pas uniquement au domaine de l'esthétique; elles agissent sur nos perceptions générales, sur nos états d'âme sous maintes formes, et cela sans que l'action exercée par les évolutions différentielles des mouvements soit perçue, comme servant de base à la variabilité de nos impressions. Car si, dans les perceptions sensorielles, c'est généralement leur durée qu'on apprécie avec le moins de justesse, c'est peut-être parce qu'on ne conçoit l'appréciation du temps que par des fractions uniformes qui stérilisent la pensée.

Si l'analyse de la durée nous était plus aisée, nous aurions une pénétration plus profonde de notre propre existence, des ressorts mis en jeu pour produire notre individualité. Car, non seulement nous formons la mesure, mais nous la faisons ce que nous sommes sur le moment; elle est en nous, et varie avec nous. Pour cette raison, il faudrait se connaître soi-même pour comprendre ses propres mesures.

Voici sous quelles formes différentes je puis influencer mes mesures par les propriétés artistiques de mes mouvements.

C'est si j'ai la sensation de ralentir le mouvement pendant que je soulève à 3 ou 4 millimètres de hauteur un objet carré, pesant 170 grammes, que je lui attribue le maximum de poids, quoique la durée du mouvement soit assez courte.

C'est le caractère spécial du fractionnement des sensations et des mouvements qui produit ce résultat; plus j'arrive à les subdiviser finement, plus l'effet produit est en harmonie avec l'augmentation des sensations de poids que je veux provoquer.

Mais à mesure que, par un mouvement ascendant graduellement accéléré, je lève cet objet de plus en plus haut, il me paraît devenir graduellement plus léger, quoique je mette un temps relativement long à exécuter ce mouvement total.

Si, au contraire, je repose ensuite l'objet par un mouvement dont la vitesse est graduellement ralentie, je sens son poids graduellement augmenter.

Dans ces deux derniers cas, il y a des phénomènes complexes en jeu.

A la diminution de poids, correspond, d'une façon très sensible, à mesure que le bras s'élève de plus en plus haut avec une complète liberté d'allure, une augmentation graduelle des sensations d'effort dans l'épaule et le tronc.

A l'augmentation du poids correspond: 1° un amoindrissement graduel d'effort dans l'épaule et le tronc : 2° une augmentation graduelle de sensation de pesanteur dans le bras et jusque dans la main, dont la liberté d'action est entravée par le ralentissement du mouvement.

On pourrait donc admettre : 1° qu'un effort qui,

en raison du courant rythmique communiqué au mouvement, n'est pas ressenti par l'organe même qui doit le percevoir, n'agit pas sur les représentations de poids ; 2° qu'au contraire, une atténuation même de l'effort peut renforcer ces représentations si cet organe est peu à peu alourdi, non pas par le poids soulevé, mais par le caractère rythmique communiqué au mouvement.

On peut donc, soit en changeant la localisation de l'effort, soit en changeant le caractère rythmique du mouvement, créer une loi de compensation. Dans le premier cas, la main agit comme si elle soulevait un poids très léger ; dans le deuxième, comme si elle soulevait un poids très lourd, et corrélativement les représentations de poids se transforment comme se transforment les différents caractères rythmiques dont le mouvement est animé ; de sorte que le mouvement artistique qui suscite la sensation d'avoir une légèreté croissante, produit, s'il est exécuté en tenant un poids à la main, réellement la sensation de l'allègement de ce poids.

Ces rapports jettent une lumière inattendue sur l'influence des rythmes dans les processus psychiques.

L'état d'âme est définissable par les rythmes que nous ne percevons pas encore, mais qu'il faut apprendre à percevoir. On n'écoute pas seulement à travers les rythmes ; c'est à travers les rythmes qu'on voit, qu'on sent, qu'on agit.

Pour apprécier la valeur des perceptions dans leur corrélation avec les mouvements, il faudrait avant tout apprendre à apprécier la valeur de l'action rythmique des mouvements. Les variétés rythmiques individuelles donneraient sans doute des différences notables, et corrélativement les différences individuelles des perceptions s'expliqueraient.

Pour évaluer nos perceptions, il faudrait évaluer le caractère des sensations musculaires ou tactiles qui leur sont corrélatives ; mais, pour pouvoir les faire coïncider, il faudrait, dans chaque perception, analyser l'évolution afin de mettre *le mécanisme de l'analyse en harmonie avec le mécanisme des sensations.*

Le rythme dans ses rapports avec les représentations de poids et de dimensions.

Si le mouvement artistique peut, par sa légèreté croissante, correspondre à la sensation d'allègement d'un poids tenu à la main, son action doit s'exercer de même sur les représentations des dimensions ; les variabilités des sensations rythmiques, en effet, peuvent toujours se ramener à une divisibilité de l'espace à laquelle nous avons déjà fait allusion page 87, sous l'image des accumulations rythmiques formées par les oscillations pendulaires. Si, dans cette divisibilité circulaire du rythme qui nous sert de type, le minimum de vitesse correspond toujours au maximum de circonférence et de poids, c'est que si je puis, par la transformation rythmique des mouvements, provoquer volontairement une inversion dans les sensations de poids, les sensations de dimensions aussi doivent être inverses.

Par rapport à l'action des rythmes encore inaperçus, il s'établit aussi une analogie entre nos appréciations sensorielles et cette sphère imaginaire

composée d'intervalles musicaux, décrite page 123;
car, par une coupe transversale, on verrait émaner,
du point central diversifié de cette sphère, des évolutions rythmiques à vitesse graduellement ralentie
en rapport avec l'agrandissement proportionnel des
dimensions et du poids; et de même notre idéation
procède par rythmes en rapport avec les transformations corrélatives des dimensions et du poids.

Par rapport à nos perceptions sensorielles, tout
est *rythme, poids, dimensions* en dehors de nous
comme en nous. Par la force rythmique encore
inexplorée, tout le mécanisme à travers lequel nos
pensées se forment, peut être ramené à l'unité de la
transformation évolutive de la vitesse, des dimensions et du poids. Notre pensée est une propriété de
la divisibilité différentielle des rythmes universels,
et non pas seulement une propriété émanant de
notre structure corporelle et de nos aptitudes fonctionnelles. Notre pensée est à la fois en nous et en
dehors de nous, et sans doute, plus son affinement
grandira, plus nous la sentirons en dehors de nous.

Mes recherches sur le toucher musical ont suscité
à mes idées cette orientation, contre laquelle j'ai
vainement essayé de lutter, parce que chaque nouvelle observation qui vint se joindre à mes observations anciennes, m'apparaissait comme une confirmation nouvelle de sa justesse. Peu à peu,
mes aperçus, d'abord vagues et hésitants, se sont
transformés en convictions fortes et inébranlables.

Du reste puisque, à travers la vitesse et les dimensions proportionnelles constatées dans les révolu-

tions d'une toupie, l'on a pu reconstituer les rapports
des lois de la gravitation universelle, pourquoi les
rapports des dimensions sans cesse changeantes qui
forment les *unités nouvelles* du toucher sphérique
dont nous allons exposer la cohésion frappante,
n'aideraient-ils pas à démontrer qu'il y a une
corrélation entre les lois de la gravitation et la merveilleuse coordination proportionnelle des dimensions que les rapports mouvants de la sensibilité de
nos pulpes nous font percevoir?

TROISIÈME PARTIE

LE TOUCHER SPHÉRIQUE
ET LE TOUCHER CONTRAIRE

CHAPITRE VIII

LE TOUCHER SPHÉRIQUE

Les transformations proportionnelles des dimensions dans le toucher sphérique.

Rappelons d'abord que le toucher d'un seul doigt peut correspondre à la représentation mentale simultanée des quatre orientations différentes que comporte un objet déplaçable à volonté, et que cet effet n'est obtenu que si l'objet touché est sphérique.

Si la circonférence de la bille n'est pas en disproportion avec les dimensions du doigt, cette représentation sphérique est provoquée sans que le doigt, par un mouvement léger de va-et-vient, fasse osciller la bille : dans ce cas le doigt, en la touchant, devient le *contenant*, la bille le *contenu :* il la *couvre* dans une certaine mesure.

Nous reviendrons, page 139, sur ce phénomène

spécial qui paraît très simple, parce qu'on y est
habitué.

Comme nous l'avons déjà vu, page 57, si nous touchons une bille avec les régions différentes du même
doigt, il y a corrélation absolue entre les différences
d'intensité de la sensibilité, les différences de vitesse
des pressions selon leur orientation, et les différences de dimensions attribuées à une même bille.

La vitesse de transmission des pressions ne
peut se modifier sans que les dimensions se modifient, et la proportionnalité de ces rapports pourrait
sans doute, comme dans les révolutions de la toupie,
être ramenée à des lois très précises si l'on pouvait
estimer l'augmentation ou l'amoindrissement de la
sensibilité tactile autrement que par les différences
de perceptions qui en dérivent.

*Transformations de deux unités dans le toucher des
deux index.*

On s'est servi, dans cette série de discriminations
du toucher, de billes relativement petites (9 millimètres de diamètre) et l'on a utilisé sur chaque
doigt exclusivement la région moyenne.

Comme on a pu déjà le reconnaître par ce qui a été
dit, page 53, la transformation des dimensions est
aussi caractéristique si le toucher s'effectue sur les
différentes régions d'un même doigt ou avec des
doigts différents sur la même région; mais dans ces
dernières conditions des ressources plus diverses
sont mises en jeu parce que le cadre des observations se trouve singulièrement élargi par l'accumulation simultanée des contrastes.

Dans ces recherches qui ne s'étendent d'abord qu'au toucher de deux billes d'égales dimensions, la discrimination peut s'étendre par la suite à huit billes d'égales dimensions touchées simultanément, et dans ce toucher collectif complexe, toutes les billes seront, malgré leur égalité réelle, perçues avec des dimensions différentes par chacun des doigts.

Cette différenciation des dimensions sphériques se coordonne par des lois encore inconnues, mais qui apparaissent nettement dans la logique inébranlable avec laquelle ces phénomènes se manifestent.

Comme nous l'avons dit, la proportionnalité des dimensions du toucher sphérique semble, à l'égal de la proportionnalité des révolutions de la toupie, être apparentée aux lois qui relient entre eux les astres dont se forment les systèmes planétaires. Il est vrai, par son équilibre toujours mouvant elle en paraît très distincte : l'élasticité des rapports perçus est, en effet, telle que la propriété essentielle de ces images mentales semble résider dans leur tendance à se transformer sous les plus petites influences perceptibles, mais surtout imperceptibles. C'est à travers les proportionnalités nouvelles des dimensions qu'on voit sans cesse des états de conscience nouveaux se former.

Les rapports évoqués sont si frappants par leur corrélation différentielle que la sensibilité ne semble plus subsister par elle-même, mais seulement par les variations constantes à travers lesquelles elle se manifeste.

Donc si, après avoir posé très légèrement la région moyenne de l'index gauche sur une de ces billes, on

provoque la représentation mentale des dimensions
correspondantes par un petit mouvement de va-et-
vient du doigt[1], ces dimensions initiales seront très
différentes selon le degré de développement de la
sensibilité de celui qui opère ; elles peuvent être soit
sur-estimées, soit sous-estimées, soit estimées exactement, telles qu'elles sont, selon que la sensibilité
mise en jeu est obtuse, affinée ou moyenne.

Mais si l'on pose ensuite, avec la même légèreté,
simultanément la région moyenne de l'index droit sur
une bille semblable, il se produit une transformation
invariable, la même pour tous ; ce doigt étant plus
affiné, fait percevoir invariablement des dimensions sphériques moindres ; mais aussitôt un changement corrélatif se produit dans les dimensions
perçues par l'index gauche, car toujours la première bille perd les dimensions qu'on lui attribuait
pour prendre proportionnellement des dimensions
d'autant plus grandes que les dimensions provoquées par le toucher de l'index droit sont inférieures
à celles provoquées d'abord par l'index gauche.

Si, au contraire, on s'était d'abord servi de l'index
droit, les dimensions initiales perçues, déjà moindres par elles-mêmes seraient encore rapetissées
proportionnellement en raison de l'augmentation
des dimensions provoquées ensuite par le toucher
de l'index gauche.

Dans la première observation, les dimensions de

---

1. Comme on l'a dit, ce mouvement de va-et-vient n'est pas
obligatoire dans ces analyses du toucher sphérique, il peut
être supprimé sans changer la résultante : mais il stimule la
représentation mentale et le fait naître plus rapidement.

l'index gauche augmentent par le contraste des deux
touchers, dans la deuxième, les dimensions de l'index droit sont diminuées par le contraste des deux
touchers.

*Transformations de trois unités dans le toucher
des index gauche et droit et du médius droit.*

Si, sans interrompre ces observations, on joint à
la discrimination des deux index, une troisième, il
s'établit une unité totale nouvelle : les deux premières billes changent de dimensions par rapport à
la troisième, c'est-à-dire que :

1° Si cette bille est touchée par le médius droit, la
nouvelle unité produira une augmentation des
dimensions dans les sensations de l'index gauche;
tandis que les dimensions moindres seront proportionnellement perçues par le médius et l'index
droit;

2° Si, au contraire, cette bille est touchée par le
4ᵉ doigt droit, les dimensions perçues par les deux
index s'amoindrissent de façon à paraître presque
en déséquilibre avec celles du 4ᵉ doigt qui s'agrandissent considérablement. Chacune de ces unités totales
se compose de trois dimensions différentes, faible,
moyenne, forte, ainsi distribuées :

1ʳᵉ *Unité nouvelle.* — Index et médius droits; index
gauche.

2ᵉ *Unité nouvelle.* — Index droit; index gauche;
annulaire droit.

Ces genres de groupement peuvent se renouveler
sans cesse.

Ainsi, dans cette 1re unité, les dimensions perçues par l'index gauche étaient supérieures à celles du médius droit.

On obtient un effet inverse si, au lieu de joindre l'index, on joint le 4e doigt à ce médius droit, car aussitôt les dimensions maxima se déplaceront, c'est l'index gauche qui prend les dimensions moindres, le 3e et le 4e doigt droits prennent les dimensions supérieures.

Par cette substitution, la main gauche est changée pour ainsi dire en main droite, car son index prendra des dimensions si amoindries qu'elles correspondent presque alors à celles du toucher initial de l'index droit; et corrélativement, par leur grossissement les dimensions des 3e et 4e doigt droits apparaissent semblables à celles des doigts correspondants gauches. Les trois dimensions graduellement augmentées sont ainsi distribuées :

3e *Unité nouvelle.* — Index gauche ; médius et 4e doigt droits.

Mais on peut aussitôt varier l'équilibre total en substituant le médius gauche à l'index, car dans la main droite les dimensions se rapetisseront alors proportionnellement à l'agrandissement des dimensions provoquées par cette substitution, et l'unité suivante se formera :

4e *Unité nouvelle.* — Médius et 4e doigt droits; Médius gauche.

Le contraste s'agrandit encore dès qu'on remplace le médius gauche par le 4e doigt, car dans cette nouvelle combinaison, plus l'amoindrissement des dimensions décroît dans la main droite, plus le grossissement des dimensions augmente corrélativement dans la main gauche.

5° *Unité nouvelle*. — Médius et 4° doigt droits; 4° doigt gauche.

Transformations de quatre unités dans le toucher des deux index et des deux médius.

Si l'on étend la discrimination à quatre billes, le toucher de l'index et du médius gauches correspondent à des dimensions respectivement supérieures à celles de l'index et du médius droit. L'unité nouvelle se compose donc de quatre dimensions graduellement augmentées, ainsi distribuées :

6° *Unité nouvelle*. — Index et médius droits; index et médius gauches.

Mais on peut presque constituer un équilibre inverse en remplaçant l'index droit par le 4° doigt droit, car dans cette nouvelle unité, c'est du côté gauche que se localisent les dimensions moindres.

7° *Unité nouvelle*. — Index et médius gauches; médius et 4° doigt droits.

Au contraire, si c'est l'index qui est joint au 4° doigt droit, les différences de dimensions s'agrandissent de nouveau et se répartissent comme suit :

8° *Unité nouvelle*. — Index droit; index gauche; 4° doigt droit et médius gauche.

Si dans les deux mains on distribue les billes aux index et aux quatrièmes doigts, les rapports des dimensions sont proportionnellement très différents et l'unité nouvelle est constituée de la façon suivante :

9° *Unité nouvelle.* — Index et 4° doigt droits; index et 4° doigt gauches.

Transformations de six unités dans le toucher des index, des médius et des annulaires.

Dans cette nouvelle transformation les six unités formeront par des dimensions proportionnellement agrandies l'unité nouvelle suivante :

10° *Unité nouvelle.* — Index, médius et annulaire droits; Index, médius et annulaire gauches.

L'augmentation graduelle des contrastes dans le toucher sphérique des deux mains.

Une progression graduelle des contrastes s'établit entre les dimensions correspondantes des deux mains à mesure que le nombre des touchers est croissant, c'est-à-dire :

Si les rapports des dimensions sont établis par un seul contact dans chaque main, comme dans nos premières observations sur les index, les différences de ces dimensions sont relativement moins considérables.

Si c'est à deux contacts que la discrimination s'étend dans chaque main, le contraste des dimensions s'accroît.

Si c'est avec trois contacts gauches et droits que la discrimination se fait, les dimensions perçues deviennent de plus en plus différentes dans les deux mains. Ou, autrement dit, l'index gauche mis en opposition avec l'index droit donne des différences relativement faibles; si ensuite, on oppose l'index et le médius

gauches à l'index et au médius droits, les contrastes
des dimensions augmentent entre les deux mains;
Mais si c'est l'index, le médius et l'annulaire gauches
et droits qui s'opposent, les contrastes sont de plus
en plus considérables puisque l'index gauche devra
alors correspondre à des dimensions qui sont supérieures à celles du 4e doigt droit.

Tous ces contrastes devraient encore se renforcer
dans la discrimination de l'index, du médius, de
l'annulaire et de l'auriculaire gauches et droits;
mais cette résultante logique des observations précédentes est contrecarrée chez moi par ma sensibilité tactile de pianiste; mes 5es doigts qui devraient
occuper la dernière place dans les dimensions
croissantes du toucher sphérique, correspondent
au contraire à des dimensions moindres que celles
du médius. L'introduction des 5es doigts entraîne
donc, dans la totalité des rapports, une perturbation
qui m'empêche d'apprécier par mes propres impressions le développement total de ces phénomènes.

Et pourtant je dois y arriver, car si j'effectue
cette discrimination des huit touchers pendant que
les deux 5es doigts sont maintenus dans de l'eau froide,
je dois par ce moyen amoindrir leur sensibilité et la
faire rentrer dans le cadre normal. Ou bien, je dois
y arriver en effectuant la discrimination des autres
doigts dans de l'eau échauffée au degré voulu afin
d'augmenter leur sensibilité en vue de rétablir
l'équilibre des proportions normales.

Dans les observations de ce genre, on constate en
effet que l'échauffement correspond au rapetissement des dimensions et, par conséquent, à l'aug-

mentation de la vitesse de transmission, tandis que
le refroidissement correspond, au contraire, au ralentissement de cette vitesse et à l'agrandissement
des dimensions.

L'influence de la chaleur sur les modifications des dimensions dans le toucher sphérique.

Ces transformations des dimensions, d'une mobilité proportionnelle si extraordinaire, donnent l'idée
d'une complexité effrayante du mécanisme sensitif
et des perceptions corrélatives ; car sans que le moindre désaccord s'établisse dans les rapports différen-
tiels des doigts des deux mains, je puis, en posant
la main gauche dans de l'eau tiède graduellement
plus échauffée, faire rétrograder la sensibilité de
ma main droite, maintenue dans l'espace libre, de
manière à augmenter les dimensions respectives
des trois billes bien au-dessus de celles produites
précédemment dans la main gauche. De sorte que,
par rapport aux phénomènes sensitifs, ma main
droite devient quelque chose de bien plus gauche
que la main gauche, tandis que, par compensation, ma main gauche devient quelque chose
de bien plus adroit que la main droite. En effet,
sous l'influence de cet échauffement, la proportionnalité merveilleuse des dimensions est perçue avec
des différences de plus en plus minimes dans la
main gauche, de plus en plus agrandies dans la
main droite, sans qu'un instant les rapports soient
faussés ; malgré tous les changements qui s'opèrent,
la proportionnalité tactile reste intégrale dans
chacune des mains.

Si, par exemple, on fait mouvoir deux billes de 17 millimètres de diamètre entre le pouce, l'index et le médius des deux mains, la main droite étant maintenue dans l'eau froide, la main gauche maintenue, au contraire, dans de l'eau graduellement échauffée, sous cette double influence les dimensions diminuent dans la main gauche graduellement au tiers, au quart des dimensions réelles de la bille; tandis que, par compensation, elles augmentent de manière à atteindre dans la main droite le triple, le quadruple des dimensions réelles.

Donc, c'est non seulement sous l'influence de la discrimination respective des doigts, mais sous l'influence du milieu stimulant ou stérilisant que le toucher sphérique conserve son étonnante cohésion dans les transformations des dimensions en sens contraire; et même, sous cette influence du milieu, les progressions et les diminutions des dimensions s'opèrent par des transformations continues qui semblent faciliter particulièrement leur analyse. Mais cette continuité même des transformations peut aussi être obtenue sous l'influence réciproque des touchers, par les procédés suivants.

La parenté des rapports entre l'échauffement graduel et la substitution graduelle des doigts.

Si, reprenant ces petites billes de 9 millimètres de diamètre, la main gauche touche successivement, par exemple, une même bille d'abord avec l'index, puis avec le médius et finalement avec l'annulaire, pendant que, par un toucher continu, les trois doigts correspondants droits restent posés simultanément chacun sur une bille, la transformation graduelle des dimensions perçues dans la main droite sera obtenue comme par l'échauffement graduel de l'eau ; c'est à mesure que, par la substitution des doigts, on évoquera des dimensions agrandies dans la main gauche, que des dimensions graduellement amoindries seront perçues par le toucher continu des doigts de la main droite.

Nécessairement, il suffit de faire succéder les doigts gauches en sens inverse et, au lieu de provoquer ce rapetissement, on provoquera une augmentation graduelle des dimensions perçues dans la main droite.

L'action secondaire de l'échauffement et du refroidissement sur les différents doigts d'une main.

En signalant la sensibilité surnormale de mes cinquièmes doigts, page 113, je disais pouvoir rétablir les rapports normaux dans les perceptions différentielles troublées soit en réalisant la discrimination du 5e doigt dans de l'eau froide, soit en réalisant celle de l'index, du médius et de l'annulaire dans l'eau chaude. Cette action pondératrice n'est néanmoins réellement obtenue que si, simultanément, le toucher du 5e doigt est effectué dans l'eau froide et celui des autres doigts dans l'eau chaude. Voici pourquoi.

Si la discrimination du toucher est réalisée en maintenant le 5e doigt jusqu'au delà de l'ongle dans l'eau froide, il se fait une inversion curieuse dans la sensibilité des autres doigts ; c'est le doigt le plus rapproché de ce 5e doigt, c'est-à-dire le

4° doigt qui fait alors percevoir les plus petites dimensions, et celui qui en est le plus éloigné, c'est-à-dire l'index, fait percevoir, contrairement aux rapports normaux, les plus grandes dimensions. Donc si je joins d'abord à la discrimination du 5° doigt celle du 4° doigt, ensuite aussi celle du médius et finalement celle de l'index, c'est l'index qui provoquera les plus fortes dimensions, et le 4° doigt les dimensions les plus faibles.

Dans l'*unité nouvelle*, les dimensions sont croissantes dans l'ordre suivant : *Annulaire, médius, index*.

Le résultat est le même si je commence par joindre à la discrimination du 5° doigt celle de l'index, ensuite celle du médius et finalement celle de l'annulaire.

Malgré cette inversion, les rapports des dimensions restent très nettement délimités entre ces différents doigts non immergés. Quant aux rapports des dimensions entre ces doigts et l'auriculaire immergé, ils semblent indéfinissables, parce que les perceptions du 5° doigt sont troublées et confuses ; c'est-à-dire qu'il semble percevoir à la fois l'eau froide dans laquelle sa phalangette est plongée et l'air qui environne les phalangettes des autres doigts, de sorte qu'il a l'impression de toucher quatre sphères décomposées au lieu d'en toucher une seule ; de plus sa sensibilité elle-même semble déjà intervertie, car les dimensions de la bille touchée s'agrandissent à mesure que le contact est localisé plus vers le bout du doigt, et c'est l'effet inverse qui se produit dans les conditions normales.

Les transformations des dimensions par l'échauf-
fement et le refroidissement des billes.

Les mêmes transformations des perceptions sont
produites par l'échauffement et le refroidissement
des billes.

Si je touche avec l'index gauche une bille chauf-
fée, ses dimensions me paraissent minuscules ; si je
touche ensuite simultanément une bille refroidie
avec l'index droit, je lui attribue des dimensions
doubles, triples de celles qu'elle a réellement, et les
dimensions des touchers sont interverties en même
temps que celles des perceptions.

C'est-à-dire que le toucher de l'index gauche se
rapetisse au contact avec la bille chaude, celui de
l'index droit, au contraire, s'agrandit au contact
avec la bille froide ; de sorte que, dans le toucher des
deux doigts, les dimensions des contacts sont interverties par l'échauffement et le refroidissement des
billes.

Le caractère différentiel de la sensibilité pourrait
donc être étudié par l'échauffement proportionnel
des billes. Si l'on arrivait à distribuer dans la surface
des billes successivement touchées par les différentes
régions d'une pulpe, une chaleur compensatrice
d'autant plus forte que la sensibilité perd davantage
de son intensité, on arriverait à neutraliser ces différences d'intensité ; c'est cet équilibre uniforme
obtenu dans les perceptions qui fournirait la mesure
de la sensibilité par les différents degrés d'échauffement de la bille, que nécessite sa mise au point.

Le même résultat devrait être obtenu si l'on cherchait à neutraliser les contrastes de la sensibilité des deux mains. On pourrait, pendant que la discrimination se fait normalement dans l'index droit, par exemple, échauffer la surface de la bille touchée par l'index gauche exactement d'autant plus fortement que l'intensité de la sensibilité de l'index gauche est inférieure à celle de l'index droit, afin de compenser les contrastes.

Les compensations par échauffement que nécessiterait la mise au point de la sensibilité de l'index gauche par rapport à celle de l'index droit, se changeraient nécessairement en compensation par le refroidissement, si c'est la sensibilité de l'index droit qu'on voulait faire concorder avec celle de l'index gauche.

Le toucher sphérique et le toucher musical.

Avant d'examiner les rapports multiples qui semblent exister entre les unités nouvelles du toucher sphérique et les perceptions visuelles, envisageons brièvement quelles différences et quelles analogies existent entre ce toucher et le toucher musical.

Tandis que la région moyenne seule a été utilisée pour établir les combinaisons multiples du toucher sphérique, les trois régions différentes des quatre doigts sont utilisées dans le toucher musical ; et, précisément, tout l'effort de l'éducation est dirigé de manière à rendre utilisable la région plus sensible de ces doigts. Quant au pouce, il reste mal adapté au clavier, ses pressions ne pouvant être localisées que sur la région la moins sensible.

La forme linéaire qui nous a servi de type dans le

toucher sphérique est donc d'une simplicité extrême comparée à celle du toucher musical ; de plus les différences d'orientation rythmique, réduites aux différences de l'élan transversal dans le toucher sphérique, s'étendent dans le toucher musical à des combinaisons rendues volontairement complexes et à des combinaisons encore bien plus complexes, acquises fatalement par le mécanisme communiqué à la pensée.

Évidemment le toucher d'une sphère est en lui-même plus suggestif que le toucher d'une surface plane comme le clavier ; mais si la bille rentre pour ainsi dire dans les pulpes, le doigt entre, si l'on peut dire ainsi, dans la touche, parce qu'il la fait reculer.

C'est par le caractère de ce recul que se produit peut-être un phénomène analogue à celui qui s'opère lorsque la bille devient le contenu et la pulpe le contenant ? Cela doit être, mais rien ne le prouve, sinon l'harmonie qui se dégage du toucher musical. Ceux qui ont entendu Liszt ont connu ces sonorités éthérées qui semblaient émaner de l'espace le plus fluide imaginable ; véritable évocation de cette *musique des sphères* dont Pythagore a théoriquement formulé l'existence.

Du reste, dans l'unité linéaire des groupes de touchers, les *voies ouvertes* dont nous avons parlé sont en principe sphériques puisqu'elles forment une courbe ; et, par l'orientation communiquée aux pressions, la position des doigts évolue corrélativement avec cette courbe ; donc, les doigts roulent sur les touches au moment de les enfoncer, et leur sphéricité doit laisser des traces dans ce roulement, aussi faible qu'il soit. Nous ne jouerions pas du piano si nos pulpes étaient carrées.

Proportionnalité des sensations de tous les doigts transmise par le timbre d'un seul son.

Nous avons vu, page 117, que si, pendant la discrimination de quatre touchers différents réalisés simultanément par les quatre derniers doigts, le 5e doigt est maintenu dans l'eau froide, on a l'impression de toucher avec ce doigt des sphères décomposées au lieu d'en toucher une seule. En effet, l'état de la sensibilité des autres doigts se reflète dans les sensations de ce doigt et les trouble.

Un phénomène du même genre réside dans la proportionnalité des sensations de tous les doigts, dont se compose le timbre d'un seul toucher. En effet, on n'arrive à graduer le timbre de la sonorité d'un seul doigt avec la précision voulue que si l'on est capable d'analyser la part respective par laquelle l'attitude ou le mouvement de chacun des autres doigts participe à ce timbre.

Le timbre de la sonorité qu'on attribue à un don, et la virtuosité qu'on attribue à un automatisme acquis par la répétition prolongée des mêmes mouvements, correspondent en réalité l'un et l'autre à des phénomènes cérébraux transcendants dès qu'ils s'adaptent à l'expression artistique, c'est-à-dire dès qu'ils sont, *sous les plus petites influences perceptibles, en constant état de transformation.*

On croit à la puissance de l'automatisme parce que l'on considère le jeu des doigts comme provenant de phénomènes moteurs uniformes; on croit au *don* du toucher, parce qu'on considère le timbre émis à l'aide des pressions comme un phénomène isolé, comme une propriété inhérente à chaque doigt, quand en réalité il s'agit de phénomènes qui n'existent que par leur proportionnalité dont les *unités nouvelles* du toucher sphérique nous montrent le mécanisme d'une effrayante complexité.

Si le pianiste, lorsqu'il a les mains très froides, est privé à la fois du timbre de sa sonorité et de sa virtuosité, nous voyons à quelle transformation des phénomènes cérébraux cette froideur des doigts correspond dans le toucher sphérique. Dans le toucher artistique de même, le ralentissement forcé des mouvements, l'incertitude, la faiblesse des pressions doit correspondre à un agrandissement des dimensions corrélativement perçues dans l'exécution des intervalles, et ces dimensions nous dévoilent le ralentissement des fonctions cérébrales.

Car, telle que le mécanisme de la sensibilité tactile nous permet d'entrevoir la mobilité extraordinaire des phénomènes cérébraux, l'affinement de la sensibilité correspond à l'affinement de l'intelligence parce qu'il entraîne en principe le rapetissement des formes qui servent à formuler les pensées.

Allant aux conséquences extrêmes de ces rapports, le fait de ne plus rien percevoir de ce qui est visible pour nous, correspondrait à la conception de l'intelligence la plus parfaite.

Les conséquences extrêmes de ces phénomènes paraissent aujourd'hui un non-sens; peut-être seront-elles explicables un jour.

Les cordes disposées en image sphérique.

Pour mieux saisir le principe qui est dans l'harmonie musicale transmise par les pressions tactiles, il faudrait concevoir une forme dans laquelle les différences de dimensions, de rythme et de poids pourraient être unifiées avec la conception des différences des intervalles musicaux. Cette forme, c'est la sphère.

L'idée de fixer les cordes circulairement sur un instrument quelconque ne nous viendrait pas, puisque nous ne pouvons les fixer que dans une direction rectiligne sans arrêter leurs vibrations.

Néanmoins, l'image d'ondes sonores émises par des cordes disposées en circonférences de cercle n'est fausse que par notre incapacité de mettre ces cordes en vibration. Donc si cette image était théoriquement utilisée, il serait admissible que les cordes correspondant aux sons les plus bas pourraient former, disposées circulairement, les circonférences maxima d'une sphère ; partant de ces circonférences maxima, des milliers de cordes circulaires de dimensions moindres s'échelonneraient symétriquement et formeraient des circonférences allant en se rétrécissant jusqu'aux limites de l'extrême hauteur des sons qui formeraient les circonférences les plus minimes.

Cette sphère pourrait être imaginée creuse ou pleine.

Si elle est considérée pleine, on pourra, par une coupe transversale, y retrouver, corrélativement à

l'amoindrissement des dimensions, les mêmes phénomènes d'accélération de la vitesse que nous avons
déjà exposés page 87, dans l'image de l'accumulation circulaire des oscillations pendulaires; mais
on verra aussi que ces phénomènes de proportionnalité pourront être regardés par distance de tonique,
de tierce, de quinte, d'octave !

Dans cette sphère, on verrait toujours les rapports
des sons se modifier corrélativement à ceux des
dimensions, du poids et de la vitesse; et les différences de circonférences, dont sont composés ces
intervalles, correspondraient à un genre d'unités
nouvelles analogues à celles que provoquent les
moindres modifications dans le toucher sphérique.

Mais dans le toucher sphérique, comme du reste
dans les révolutions de la toupie, les dimensions et
la vitesse sont plus particulièrement en jeu. Tandis
que l'image de cette sphère nous montre, dans
chaque *unité nouvelle* établie, une transformation
identique sous une quadruple forme :

L'ensemble des sons sonnera différemment comme
l'ensemble des poids pèsera différemment et, de
même, l'ensemble des dimensions paraîtra dans
l'espace aussi différent que l'ensemble de la vitesse
dans la durée.

Si cette unité peut se retrouver dans la conception
des intervalles, soit qu'il s'agisse de sons, de poids,
d'étendue ou de durée, les intervalles n'ont-ils pas
dans les phénomènes mentaux une adaptation générale que nous ignorons?

Qui dit que comme nous entendons l'harmonie
par intervalles de tonique, tierce, quinte, nous ne

voyons pas aussi par un groupement analogue, l'harmonie des couleurs et des formes, et que l'harmonie acquise dans le perfectionnement des attitudes de la main ne correspond pas également à tous ces genres d'intervalles?

Les phénomènes du toucher sphérique et les phénomènes visuels.

Comme nous l'avons dit, les unités nouvelles du toucher sphérique semblent être apparentées aux phénomènes visuels, notamment :

Aux transformations des rythmes dans la perspective.

Aux mélanges des couleurs.

Aux rapports des formes.

Aux lois de la perspective dans les arts.

Les transformations rythmiques dans la perspective, et les unités nouvelles.

Ainsi, un grand espace devant lequel nous sommes placés est, par rapport à la vitesse du déplacement des êtres qui s'y meuvent, aussi changeant que les phénomènes des représentations mentales du toucher sphérique. A mesure que, par l'éloignement, les dimensions s'amoindrissent, la vitesse paraît diminuer aussi. Malgré la faiblesse de ces différences il n'y aura dans cet espace, tel que chacun de nous le voit, nulle part des dimensions et des vitesses égales, à moins que l'effet n'en soit produit par des dimensions et des vitesses qui soient réellement différentes, et par ce fait peuvent paraître semblables.

Nous pouvons facilement nous rendre compte du caractère de ces phénomènes dès que nous reconnaissons que, malgré la perspective, la vitesse ne change pas, si elle est analysée en rapport avec la forme.

Admettons deux arcs d'égales dimensions occupant une faible partie seulement de l'espace total perçu ; s'ils sont surmontés d'une ligne horizontale, sur laquelle s'effectue une circulation, et placés à deux cents mètres l'un de l'autre, le second arc donne l'impression d'être contenu dans le premier.

Sur les deux lignes horizontales superposées, la vitesse des déplacements paraîtra très différente considérée en rapport avec l'ensemble des déplacements perçus dans la totalité de l'espace ; mais si, au contraire, on la considère en rapport seulement avec la forme des deux arcs superposés, cette vitesse concorde.

Ayant cherché à développer mon sens rythmique autant par la vue que par l'audition et par les sensations manuelles, je suis arrivée, par rapport à l'analyse simultanée des mouvements perçus, à étendre considérablement mon champ visuel ; je crois voir dans la perspective des *unités nouvelles* en constante transformation, unités nouvelles qui me sont aussi personnelles que celles provoquées par mon toucher.

Placée devant un espace libre, j'ai maintes fois constaté que si, pendant que je regarde des silhouettes humaines de différentes dimensions circuler autour de moi, des silhouettes plus lointaines et par suite de bien moindres dimensions m'apparaissent, je les regarde avec l'impression de les avoir déjà vues inconsciemment auparavant.

Cette inconscience de la vue qui a existé et dont je me rendais compte provenait de ce que la proportionnalité des phénomènes visuels n'était pas formulée dans mon regard — j'ai vu sans voir.

En effet, par l'introduction d'un nouveau rythme, en corrélation avec de nouvelles dimensions, tous les rythmes et toutes les dimensions précédentes doivent se modifier. Comme dans les unités nouvelles du toucher sphérique, une corrélation s'établit entre la sensation de voir quelque chose de nouveau et la sensation de voir corrélativement toutes les sensations préexistantes se modifier.

Notre conscience ne perçoit que dans la mesure où la proportionnalité a pu être établie entre tout ce qu'elle voit; ce qui ne rentre pas dans cette proportionnalité inconsciemment calculée reste en quelque sorte ignoré, inaperçu — on le voit sans le voir.

Les phénomènes de la conscience dérivent d'une force accumulatrice qui n'existe que parce que tout ce qu'elle accumule est assez différencié pour que rien ne soit concevable en dehors des différenciations proportionnelles accumulées. Les phénomènes de la conscience sont en réalité des phénomènes d'évolutions rythmiques continues, dont la complexité dépasse notre imagination, mais qui laissent des traces profondes en nous. Car le fait que la souvenance existe peut provenir de ce que les rapports des rythmes étant tous perçus proportionnellement, les *unités nouvelles* dérivent les unes des autres et se contiennent les unes les autres.

Pour cette raison, chacune d'elles subsiste en

quelque sorte indéfiniment. C'est-à-dire que leur proportionnalité continue est telle que, même en parcourant les phénomènes mentaux de l'existence de chacun de nous en sens inverse, on devrait pouvoir les reconstituer les uns par les autres.

On renverserait ainsi toute la psychologie de nos sensations comme on peut, avec le Mélotrope de M. Carpentier, renverser les sensations auditives corrélatives à l'exécution d'une œuvre musicale, en commençant cette œuvre par la fin pour la terminer par le commencement : on verrait ainsi mieux encore que dans le parcours normal que, d'une part rien ne se perd puisque tout reste perpétué dans l'engrenage indissoluble de la proportionnalité des phénomènes et que, d'autre part, les *unités nouvelles* qu'on pourrait appeler *saillantes* parce qu'elles sont très différentes des autres se fixent par le seul fait des rapports provoqués entre le passé et le futur, sans pouvoir disparaître de la pensée qui a existé longtemps avant et qui existera longtemps après.

Les unités nouvelles dans le mélange des couleurs.

Qui n'a été frappé en voyant un peintre décorateur à la recherche d'un ton par lequel il harmonisera une boiserie avec la tonalité d'un mur, de la subtilité des transformations qui s'opèrent pendant ces recherches dans cette tonalité du mur. Car l'introduction de chaque nuance nouvelle par laquelle on voit le ton qu'on cherche à approprier, se modifier, modifie corrélativement aussi le ton du mur, de sorte que ce mur qui réellement reste invariable semble changer sans cesse de ton. Comme le toucher continu du médius gauche, par exemple, change de dimensions selon qu'on lui oppose successivement le toucher de l'index, du médius, de l'annulaire ou de l'auriculaire droit, de même ce mur change de ton selon qu'on lui oppose des nuances légèrement différenciées.

En somme, dans le mélange des couleurs, comme dans les *unités nouvelles*, aucun changement partiel ne peut être obtenu. Dans le mélange des couleurs comme dans le toucher sphérique, les transformations perçues sont totales ; elles doivent se ramener, comme celles des unités nouvelles, à des lois de proportionnalité dont le calcul nous échappe, mais dont la réalité nous frappe.

Les unités nouvelles dans le rapport des formes.

Admettons qu'un peintre ait terminé un portrait dont la physionomie soit expressive et vivante ; si l'artiste est vraiment un *voyant*, il aura l'impression que le moindre trait ajouté ensuite change toute cette physionomie, et les rapports dans le changement total seront aussi subtils pour lui que si une autre pensée avait été évoquée dans ce visage.

Par sa sensibilité tactile, l'artiste sent, en effet, ce *devenir* total nouveau dans le mouvement qu'il réalise en exécutant ce trait qui lui-même n'est qu'un changement partiel des plus faibles, il voit si bien le changement total se produire, l'unité nouvelle se former, qu'il agit comme s'il produisait réellement à la fois toutes les transformations qui s'effectuent ;

et c'est de cette accumulation de sensations simultanées que dérive la proportionnalité transcendante inhérente au moindre mouvement transmis par l'artiste.

C'est par la capacité d'analyser les proportionnalités mouvantes de la sensibilité que l'artiste produit l'harmonie absolue de la physionomie, telle que le portrait de Baltazar Castiglione de Raphaël nous la présente, ou l'harmonie générale de l'œuvre telle que Puvis de Chavannes nous la montre au Panthéon, ou telle que Rodin nous la fait apparaître, au musée du Luxembourg, dans le *Baiser*.

C'est de même par sa capacité d'analyser les proportionnalités mouvantes de sa sensibilité que l'interprète produit l'harmonie de la sonorité et celle de la conception esthétique de l'œuvre interprétée. Ces proportionnalités, comme les *unités nouvelles* le démontrent, se ramènent à une espèce de loi de la perspective dans le mécanisme de nos sensations.

Puisque, dans tous les arts les lois de la perspective se retrouvent, les causes qui font percevoir la variété des dimensions doivent se relier entre elles, soit qu'on perçoive cette variété réellement dans l'espace ou seulement mentalement dans la pensée.

Les unités nouvelles du toucher sphérique et les lois de la perspective dans les arts.

Envisagé d'une certaine façon, le déroulement des sons n'est qu'un genre de perspective. Non seulement nous formons nous-même comme le centre de l'œuvre musicale que nous écoutons, puisque, conservant un certain souvenir des sons entendus, nous

acquérons pour ainsi dire une compréhension préalable des sons qui vont suivre : nous entendons en
avant et en arrière comme nous regardons en avant
et en arrière ; mais la diminution ou l'augmentation
du volume et de la vitesse des sons produit de même
des sensations de perspective comme si, selon leur
degré de force, les sons étaient entendus de plus
loin ou de plus près, ou comme si, selon leur degré
de vitesse, l'allure des sons était perçue, sous une
image visuelle quelconque, de plus loin ou de plus
près. Dans l'art musical, il est vrai, ces rapports ne
se trouvent qu'incidemment reliés ; néanmoins si
l'intensité de la volonté contenue peut être figurée
par un plain-chant, lent et fort, ou par un choral,
ces chants ne donnent jamais la représentation
de l'intensité de la vie réelle. Lorsque cette intensité
de vie peut être évoquée parfois par des sons lents
et doux, c'est qu'elle se ramène à des sensations de
rêve, à des états d'extase qui approchent du rêve,
ou de l'intuition de ce qu'on appelle l'*au-delà !* On
pourrait dire que toute l'attraction exercée sur nous
par l'art musical pourrait se transposer en sensations visuelles d'espace, si nous *savions regarder*
comme nous *savons écouter.*

Précisément, l'impossibilité de conserver aux rapports des dimensions et des mouvements perçus leur
justesse dès que notre personnalité entre elle-même
dans l'image perçue, nous montre combien il nous
est relativement facile de concevoir l'harmonie dans
l'art, mais combien nos sensations subjectives sont
peu faites pour nous permettre d'envisager notre
existence reliée à celle des autres dans les mêmes

rapports harmonieux. Dès que notre personnalité entre dans l'image, il s'élève dans notre pensée un manque d'harmonie qui trouble l'ordre général.

La surestimation subjective.

Si, placée dans un espace étendu, où il y a peu de circulation, de sorte que la vue reste libre, je veux, en marchant de mon pas habituel, apprécier avec justesse l'allure plus vive de ceux qui passent devant moi, la fausseté de mes estimations est si frappante que j'ai peine à concevoir l'erreur qui se produit. Je suis forcée de reconnaître qu'en général je conçois les actions des autres seulement dans la mesure où elles présentent le moins de contraste avec les miennes : car si, pendant que je marche lentement, il m'est impossible d'apprécier, même approximativement, combien les autres marchent plus vite que moi, c'est que dans ce cas la représentation des contrastes m'est rendue presque impossible. Je ne me rends, en effet, compte de la supériorité d'effort dans la vitesse de la démarche des autres qu'en mettant mon pas à l'unisson avec le leur.

Comparée à l'unité de l'art qui se déroule dans la perspective des sons, cette surestimation subjective nous montre la presque impossibilité de l'art de la vie en raison de ces *notes* dont le rythme reste, pour chacun de nous, comme hors cadre.

Dans la lutte contre l'instinct égoïste, la transformation de la vue, l'affinement général des sens, ne seraient-ils pas bien plus efficaces que toutes les théories généreuses malgré lesquelles nous restons quand même inconnus les uns des autres? L'intention d'être bon, c'est quelque chose; la nécessité de l'être serait infiniment plus.

Les deux perspectives.

Si les analogies des phénomènes visuels par rapport au monde externe, et des phénomènes sensitifs par rapport au monde interne, sont si frappantes, c'est qu'il y a deux perspectives dont le mécanisme est corrélatif, l'une pour regarder en dedans, l'autre pour regarder au dehors.

Si, dans le mécanisme artistique, la perspective interne peut éveiller en nous des images, des idées immenses, c'est que rien ne prouve que le mécanisme à travers lequel nous nous sentons nous-mêmes exister, soit différent de celui à travers lequel le monde extérieur nous apparaît. Cette unification du principe de la vie universelle par laquelle le domaine de l'intelligence, de la pensée, serait animé par les mêmes lois que celles qui régissent la matière dans l'espace visible, ne serait-elle pas un acheminement vers un perfectionnement dont on ne peut encore entrevoir que vaguement la force éducatrice?

Ainsi, c'est chez l'interprète qui distingue les plus faibles différences dans ses sensations et mouvements que se produisent les conceptions esthétiques les plus étendues; chez celui où la pensée ne circule pas, l'idéation s'arrête; chez celui qui ne sent que par fractions plus grossières, l'idéation se rétrécit, parce que : 1° dans ses surfaces tactiles, sa pensée ne circule pas partout comme le regard peut circuler partout dans l'espace ; 2° il a, dans ses sensations, des interruptions qui correspondent à des murs partiels qui s'élèveraient dans l'espace, murs par lesquels le regard est arrêté. Ces murs ne sont dans leur réalité ultime que des lignes digitales mal orientées qui coupent la perspective des sensations et la perspective des idées.

Comme nous chercherons à le démontrer dans un ouvrage consacré plus spécialement à l'action que les attitudes affinées des doigts peuvent exercer sur les représentations visuelles, il y a des œuvres d'art plastiques fautives qui empêchent le regard de circuler, tandis que dans les belles œuvres, non seulement le regard circule librement, comme dans un espace libre, mais il semble pénétrer au delà de ce qu'il regarde.

Dans ces phénomènes d'adaptation du regard, il s'effectue des évolutions rythmiques analogues à celles que les pressions tactiles ne peuvent transmettre aux touches, dans l'interprétation d'une œuvre musicale, que dans la limite précise où la perspective totale de la sensibilité tactile est dégagée de l'obstruction ; c'est-à-dire dans la limite précise, où la pensée circule dans les perspectives du mécanisme tactile aussi librement que l'œil dans l'espace éclairé qui s'étend devant lui.

Les unités nouvelles nous montrent que, dans le toucher sphérique, la pensée définit les rapports mouvants qui existent entre les surfaces de nos doigts par des images si ressemblantes à celles qui ont fait découvrir les lois de la gravitation universelle que cette découverte même semble en quelque sorte reliée à l'harmonie fonctionnelle de notre mécanisme sensitif. La perspective des réalités externes ainsi que celle des réalités internes semblent se manifester comme si les mêmes forces étaient en jeu, comme si le discernement de toute chose reposait sur une base unique.

Du reste, pourquoi ne pas admettre que si, dans le monde visible, rien ne peut subsister dégagé de ces lois, dans le monde de la pensée il n'en soit de même ?

Pourquoi les grandes œuvres d'art, dans lesquelles des génies créateurs se sont incarnés, paraissent-elles aussi impérissables à l'esprit humain que l'immensité de l'espace visible au regard humain ?

Je dois reconnaître que toutes ces conceptions neuves qui hantent ma pensée, se ramènent à un fait précis : c'est par la transformation des attitudes de mes doigts que je suis arrivée à transformer ma vue, de manière à percevoir à travers tous les mouvements que je fais et que je vois faire aux autres, des rapports que je n'avais jamais vus. Ces rapports nouveaux que je perçois déterminent un fait nouveau : tous ces mouvements me paraissent influencés par les lois universelles répandues dans l'espace, influence dont on ne peut les dégager sans cesser de les concevoir.

Dans ces conditions, nécessairement, mon intelligence m'apparaît sous l'influence des mêmes lois que mes mouvements. J'admets d'autant plus l'exis-

tence de cette influence unique que si j'arrive à
changer les rapports qui relient mes organes tactiles
entre eux, en transformant mes attitudes externes,
j'arrive, au point de vue de l'action interne cérébrale, au même résultat que si j'avais modifié ces
organes eux-mêmes; car la valeur réelle de ces
organes réside dans leurs rapports réciproques,
comme la valeur de ma pensée réside dans les rapports des images dont elle se compose.

En somme, la géométrie de nos attitudes modifie
à la fois le rythme de nos mouvements et de nos
perceptions comme elle modifie l'action externe par
laquelle le caractère de chacun de nos mouvements
est autant un effet des lois cosmiques générales en
vertu desquelles nos pieds adhèrent au sol qu'une
émanation de notre volonté.

Pour cette raison je vois que mon cerveau est,
d'une part, directement influencé par le milieu cos-
mique, et je reconnais que si dans certaines conditions, il arrive à se faire une image de cette influence
directe exercée sur lui, il n'en résulte qu'un progrès
restreint; mais que, d'autre part, s'il arrivait à se
faire aussi une image de l'influence indirecte qu'il
subit, une clarté vainement cherchée lui ferait voir
ce qui est encore invisible mais peut devenir visible.

Car si, par le caractère de nos impressions réti-
niennes, notre vue est limitée dans l'analyse des
mouvements, à un fractionnement relativement
grossier, la vue des rapports qui existent entre les
mouvements différents perçus simultanément pourrait, par contre, s'étendre considérablement au profit de l'activité générale des organes eux-mêmes, si

l'on savait l'utiliser. Des êtres capables de voir des rapports plus complexes verraient mieux et penseraient mieux.

En somme, si les ressources de nos yeux sont limitées, notre désir d'analyser ce que nous voyons l'est encore bien plus.

Nos arrière-ancêtres ne savaient pas comme nous ce qu'il y avait à voir; leur désir d'analyser pouvait s'en ressentir. Mais à l'aide de ce savoir, nous devrions tirer de nouvelles ressources de nos yeux comme nous devons tirer de nouvelles ressources de nos mains.

Nous ne voyons que ce que nous avons appris à voir, nous ne touchons que comme nous avons appris à toucher : il y a une vision supérieure comme il y a un toucher supérieur qui nous apprendraient plus de choses qu'on ne peut supposer. Car c'est à mesure qu'on sent, qu'on entend, qu'on voit plus finement qu'il se fait une transformation totale dans notre esprit. La vision des rapports inaperçus, entr'ouvre un nouveau monde interne par lequel le mystère de la vie semble pénétrable parce que les liens qui relient les choses s'agrandissent, tandis que les choses elles-mêmes s'amoindrissent.

CHAPITRE IX

LE TOUCHER CONTRAIRE

Le centre de gravité externe et interne dans le
toucher sphérique.

Il m'arrivait autrefois de fixer longuement le
regard sur les efforts continus de ces moustiques
aquatiques qui, entraînés constamment par le courant de l'eau sur laquelle ils se posent, sont forcés
de marcher en sens inverse de ce courant pour pouvoir rester en place. Cette image, me disais-je, correspond à l'inutilité de mes propres efforts continus.

La situation des êtres humains, par rapport à la
sphéricité de la terre m'apparaît aujourd'hui dans
un contraste frappant avec celle de ces genres de
mouches par rapport au courant de l'eau ; je vois que
malgré tous les déplacements que nous pourrions
opérer, chacun de nous restera toujours dans le
même milieu visuel dont il ne peut se dégager.

C'est-à-dire que si, au lieu de se tenir sur la terre
ferme, il se trouvait placé sur un océan illimité pour
le regard, chacun de nous constaterait que circulairement autour de lui, les navires perçus à la limite de
l'horizon se raccourcissent peu à peu à leur base
avant de disparaître.

C'est à ce fait réel que je voudrais rattacher un

fait qui se passe réellement dans notre pensée, si nous posons un doigt sur une bille de manière à ce que le doigt ne sente qu'une portion de la surface de la sphère. tandis que la pensée conçoit sa forme totale.

Lorsque, page 106, cette image totale de la sphère nous apparaissait en corrélation avec le fait que la bille repose sur un appui qui prête résistance pendant la réalisation du toucher, nous nous demandions si les perceptions sphériques subsisteraient si l'appui faisait défaut?

En réalité, même si cet appui subsiste, il suffit de faire dévier légèrement la position du doigt, de façon que son orientation ne concorde plus avec celle de l'appui qui provoque l'équilibre de la position de la bille, pour ne plus sentir autre chose que la surface du doigt mise en contact avec la bille et la surface de la bille mise en contact avec le doigt; car au moment où la différenciation des deux directions est perçue, l'image sphérique disparaît.

Nous voyons donc précisément la représentation sphérique s'évanouir au moment où le doigt se met vis-à-vis de la sphère touchée, dans des rapports que, en ce qui concerne nos perceptions visuelles, notre corps ne pourrait jamais occuper sur la sphère terrestre.

L'influence du centre de gravité peut être la même extérieurement dans l'équilibre corporel, intérieurement dans l'équilibre mental. Et peut-être, vu le caractère fonctionnel de nos sens, est-il impossible que nous subissions l'influence des lois de la pesanteur sans qu'elle provoque la représentation inverse de la résistance au poids et ainsi, notre conception générale des images est en réalité double et, en même temps, renversée ou symétrique ?

Et ce serait l'action cérébrale complémentaire du toucher sphérique qui nous ferait apparaître cette dualité dans la mesure exacte où le centre de gravité est le même dans le doigt posé sur la bille et dans la bille. Donc, chaque fois que le doigt se trouverait placé vis-à-vis du point d'appui de la bille qu'il touche, dans les mêmes conditions où notre corps est toujours placé par rapport à la totalité de nos perceptions cérébrales, l'image des sensations tactiles sera double et renversée.

Cela nous ferait supposer que notre pensée est, par rapport à notre corps, ce qu'est le doigt par rapport à la bille sur laquelle il est posé et que des forces proches ou lointaines, répandues dans l'espace, agissent sur nous de façon à provoquer les phénomènes de conscience.

De même que cette influence de l'appui sur lequel la bille oscille doit rentrer comme phénomène concomitant dans les représentations complémentaires du toucher sphérique, de même l'action d'un courant gravifique inverse à celui qui fait adhérer nos pieds au sol, pourrait pénétrer d'une manière inconnue dans tout l'équilibre de nos sensations. Une sensation inverse serait ainsi contenue dans chacune des sensations dont se forme notre conscience.

C'est par l'existence de cette influence double que s'expliqueraient à la fois, la faculté de voir une image inversée dans un miroir et toute la psychologie de nos sentiments.

Chacun de nos sentiments serait formé par des

conceptions inverses, par des conceptions en miroir totalement opposées, quoique tout à fait semblables.

Le merveilleux équilibre de notre tonicité musculaire n'est-il pas lui-même l'image d'une force régulatrice permanente que nous portons en nous ? Néanmoins cette tonicité ne subsiste que par les contrastes d'orientation, qui constituent son essence même.

Ces phénomènes primordiaux restent, comme le mécanisme initial de nos sensations complémentaires, de notre conscience double, impénétrables pour chacun de nous; nous voyons néanmoins dans le phénomène du vertige, l'harmonie des formes perçues se désagréger comme si elle n'avait été qu'un composé de sensations dont la cohésion n'est réellement qu'une condition de l'équilibre qui s'établit dans nos perceptions elles-mêmes.

Je dois dire que cette nécessité absolue de contrastes, qui se retrouve jusque dans les moindres phénomènes de conscience, me fait croire à l'existence d'une espèce d'égalité de la force inhérente à toute chose, de sorte que les choses elles-mêmes ne me paraissent différentes que parce qu'elles ne me permettent pas de pénétrer avec une égale intensité cette force. Pour cette raison, je ne puis concilier la conformité de structure de mes deux mains avec l'idée d'avoir une main adroite et une main maladroite; il me semble que la main gauche est la main complémentaire, c'est-à-dire la main faite pour être couverte [1] par l'autre, ou pour tendre vers un but

---

1. Ce mot sera plus amplement expliqué par la suite.

orienté en sens opposé à celui vers lequel se tend la main droite.

Elle me paraît faite pour accomplir les fonctions opposées à celles de la main droite et elle me semble puissante dans l'exécution de ces actes qu'elle accomplit mieux que la main droite ne pourrait le faire.

La main complémentaire.

On peut admettre que par rapport aux propriétés inhérentes à l'orientation des attitudes, l'adaptation des deux mains est infiniment mieux appropriée dans le maniement des instruments à archet que dans celui du clavier.

Chez les violonistes, les faces dorsales des deux mains sont orientées, en sens opposé, c'est-à-dire que la face dorsale de la main droite est orientée vers en haut, celle de la main gauche vers en bas. Chez les pianistes, c'est la face dorsale des deux mains qui reste orientée vers en haut et il en résulte une maladresse notoire de la main gauche, provoquée par les rapports antiphysiologiques inévitables de ses attitudes.

Il se pourrait que la main gauche n'ait été considérée comme *une main qui ne sait pas* que parce qu'on ignorait ses véritables aptitudes. A vrai dire, ce n'est sans doute pas elle qui ne sait pas, c'est nous qui ne savons pas ; car lorsque nous la trouvons maladroite, nous cherchons généralement à l'utiliser comme une main droite, c'est-à-dire à rebours de ses véritables aptitudes fonctionnelles.

Nous voudrions exposer ici brièvement cette aptitude des deux mains, à prendre des attitudes com-

plémentaires et à exécuter des mouvements complémentaires, supposant que la faible estime dans
laquelle nous tenons notre main gauche est destinée
à disparaître un jour pour faire place à une appréciation plus juste, plus complète, de la valeur des deux
mains.

D'après mes impressions personnelles, il semble
que cette idée d'infériorité de la main gauche provient d'une impuissance d'orientation de ses attitudes et de ses fonctions; les aptitudes différentes
des deux mains leur donnent une prédisposition si
évidente à se compléter qu'on pourrait reprocher à
chacune d'elles d'être adroite, orientée d'un côté et
maladroite orientée de l'autre.

La sensation verticale complémentaire des deux index.

Voici par quels procédés on peut arriver à constater
les déviations en sens inverse qui se produisent dans
l'attitude des index droit et gauche, sous l'influence
des changements d'orientation des deux mains.

La face dorsale de ma main droite étant, ainsi que
l'avant-bras, étendue en position horizontale, je
maintiens les quatre doigts légèrement recourbés,
assez rapprochés, mais isolés les uns des autres en
appuyant le bout de la phalangette de l'index, afin
de donner plus de fixité à l'attitude de ce doigt, sur
le bout de la phalangette du pouce.

C'est dans cette position que, par rapport à l'alignement horizontal de la face dorsale de ma main
droite, la courbure de l'index, ne déviant ni à droite
ni à gauche, paraît strictement verticale. On peut

admettre que la rectitude géométrique perçue dans ces rapports, constitue une des bases de l'adresse de la main droite.

Mais précisément cette attitude perçue rectiligne quand elle est orientée d'un côté, subit, orientée de l'autre, une déviation involontaire. Quoi que je fasse pour maintenir des rapports en apparence invariables dans les attitudes des doigts, dès qu'au lieu de tourner la face dorsale de la main droite vers en haut, c'est au contraire la face palmaire que je tourne dans ce sens, je vois mentalement, en fermant les yeux, l'attitude de l'index dévier par une inclinaison à gauche. Sans doute, par le renversement des attitudes, les adaptations musculaires profondes se transforment de façon à provoquer des différences de rapports invisibles pour les yeux, mais qui sont perçues par la pensée, dès que, fermant les yeux, on ne regarde que mentalement.

La même géométrie rectiligne exacte et les mêmes déviations se produisent dans la main gauche avec cette différence que les déviations sont perçues avec une inclinaison vers la droite et qu'elles se produisent seulement lorsque c'est la face dorsale qui est orientée vers en haut.

On peut donc admettre que si cette rectitude géométrique, perçue dans les rapports des attitudes, constitue une des bases de l'adresse de la main droite, elle doit favoriser de même l'adresse de la main gauche.

Par rapport aux attitudes des doigts, nous n'avons donc pas une main adroite et une main maladroite, mais une main adaptée à ce qu'on veut lui faire faire

et une main qui ne l'est pas. La preuve que notre
main droite n'est pas dans de meilleures conditions
vis-à-vis de la main gauche que celle-ci vis-à-vis de
la main droite, c'est que si l'on renverse la position
en mettant la face dorsale en dessous, elle aussi ne
peut plus retrouver la verticalité de son index
recourbé. L'équilibre manuel est désagrégé. D'après
ces observations, on pourrait admettre que les aptitudes des quatre doigts gauches correspondent à un
équilibre cérébral supérieur dès que leurs extrémités
sont orientées vers en haut, et que les attitudes des
quatre doigts droits participent à ce même privilège,
mais seulement lorsque leurs extrémités sont orientées vers en bas.

Le toucher contraire et l'écriture en miroir.

Sous l'influence de certaines conditions physiologiques ou psychologiques il s'effectue, comme on le
sait, une écriture en miroir dans la main gauche;
cette faculté d'écrire en sens inverse s'explique,
comme j'ai pu m'en rendre compte, si l'on admet
que l'existence de la main complémentaire entraîne
nécessairement l'existence d'un toucher contraire
ou complémentaire.

On peut dans ce cas supposer que les signes de
notre écriture normale et ceux de l'écriture en
miroir se résument à un seul processus fonctionnel
à tendance contraire. Ce phénomène fonctionnel
complexe est rendu analysable, si deux mains, dont
la sensibilité tactile est très développée, combinent
leurs attitudes et leurs fonctions de la façon suivante :

Séparées par une planchette interposée, les deux mains sont maintenues d'abord croisées, de manière à ce que la main droite, tenant une plume dont la pointe est orientée vers en bas écrive sur la planchette en se déplaçant de gauche à droite, tandis que la gauche, tenant une plume dont la pointe est orientée vers en haut, écrive en dessous de la planchette en se déplaçant de droite à gauche.

J'ai pu, sous l'influence de cette inversion des attitudes et de la *représentation constante de l'inversion des pressions et de la direction des signes tracés*, me représenter avec une intensité extrême simultanément l'écriture normale par pressions descendantes exécutées avec la main droite et l'écriture en miroir par pressions ascendantes exécutées avec la main gauche.

Dans cette conscience nouvelle qui se formait à travers le processus contraire de mon activité mentale, j'ai reconnu que non seulement mes deux mains agissant à travers un appui horizontal semblent rester en corrélation l'une avec l'autre, de façon à provoquer la sensation de réaliser par des signes en sens inverse *une image* indivisible, mais que corrélativement, la vue de cette image s'effectuait par une faculté de vision à direction contraire. Car à travers ces représentations tactiles inverses, se formait une propriété visuelle nouvelle : je pouvais diriger mon regard de façon à voir simultanément de bas en haut et de haut en bas, comme s'il voyait à travers le corps horizontal interposé, ou comme si ce corps cessait d'exister.

En somme, dès que notre pensée s'identifie avec

cette double orientation des pressions qui nous permet de réaliser, par des fonctions qui nous paraissent inverses, une image unique quoique non superposable, nous sentons que, par une matière interposée la circulation peut aussi peu être interrompue entre nos pressions tactiles inverses qu'entre ces deux visions mentales inverses.

Par la facilité extrême avec laquelle je me représentais ces caractères opposés, je me suis rendu compte que la faculté de la main gauche d'agir vers en haut, complète celle de la main droite d'agir vers en bas et que moi-même sous cette influence je pensais, j'agissais mentalement en deux sens avec plus de conscience que je n'agis habituellement dans un seul sens. Je suis arrivée ainsi tout naturellement à admettre que ces deux sens n'en forment réellement qu'un seul, mais qu'on ne le connaît qu'imparfaitement.

Il faut dire que si, sans l'avoir appris, je pouvais ainsi diriger ma pensée en deux sens, il s'en suivait que sans l'avoir appris, je pouvais, non seulement lire en dirigeant mon regard de bas en haut et de haut en bas, mais en le dirigeant simultanément de droite à gauche et de gauche à droite. Pendant que j'écrivais, je lisais effectivement non seulement les deux écritures avec une égale facilité, comme si elles m'étaient également familières, mais, vues de droite à gauche ou de gauche à droite, de bas en haut ou de haut en bas, je les confondais en une seule écriture normale.

Si les deux images se superposaient d'une façon si absolue dans ma conscience (tout en n'étant réellement pas superposables quant aux mots tracés), que l'appui interposé entre mes deux mains disparaissait sous l'influence des *signes non divisibles* tracés par les deux plumes, c'est que dans ces conditions tous les sens au moyen desquels nous orientons nos actions manuelles n'en forment qu'un seul, dont la compréhension nous reste cachée.

Évidemment, on ne peut arriver à cette superposition visuelle intense de ce que nous appelons deux images inverses, sans attribuer à la sensibilité, à la pensée et au regard des forces qu'on ne leur connaissait pas, forces qui semblent en quelque sorte seulement appelées à nous révéler la véritable sensibilité, la véritable pensée, le véritable regard.

La pénétration des pressions en sens inverse et la superposition parallèle des représentations visuelles.

J'ai constaté que sous l'influence de cette position complémentaire où à travers une planchette interposée, les pressions s'exercent vers en haut avec les doigts gauches, vers en bas avec les doigts droits, mes sensations tactiles se pénètrent de façon à ce que l'image linéaire de chaque doigt fait apparaître dans ma pensée plus nettement l'image linéaire du doigt correspondant de l'autre main. Cette concordance est en rapport avec l'unification qui se fait dans les sensations tactiles doubles, dans la vue double, dans la pensée double. Dans cette action complémentaire les deux hémisphères cérébraux semblent déployer une force égale, leurs activités semblent se pénétrer comme les pressions des deux mains. Il n'y a plus qu'un cerveau, comme il n'y a plus qu'une main et cinq doigts. Car effectivement, tandis qu'à travers l'appui transversal, les pressions des doigts complémentaires se pénètrent en direction opposée, au contraire l'ordre de succession des doigts et les images linéaires des pulpes se superposent parallèlement comme si les deux mains ne formaient réellement qu'une seule main.

Mais dans cette image unifiée double, nous voyons qu'il existe une inversion totale entre le toucher de cette main complémentaire et le toucher musical.

Le toucher contraire et le toucher musical.

Dans le toucher musical, les pressions des deux mains ont, par rapport à l'enfoncement des touches, une direction parallèle, tandis qu'au contraire, ce sont l'ordre de succession des doigts et les images linéaires des pulpes qui s'échelonnent pour les doigts correspondants en sens opposé, symétriquement. Donc, les phénomènes auditifs provoqués par le toucher musical proviennent d'une adaptation sur un seul plan (le clavier) du toucher contraire, dont les pressions se pénètrent.

Ces pressions des doigts complémentaires seraient en somme, à celles du toucher musical, ce que l'androgyne de Platon est par rapport à l'être humain soi-disant divisé.

Un jour, peut-être, construira-t-on des claviers à double face, d'ici là, le toucher musical ne peut pas être considéré comme une vérité absolue, mais comme une vérité adaptée à une réalité incomplète : le clavier. On peut admettre que la nécessité de poser les deux mains sur un seul plan, en dirigeant les pressions des doigts seulement vers en bas, désagrège l'unité fondamentale par laquelle nos deux hémisphères cérébraux sont destinés à se perfectionner sous l'influence réciproque de l'orientation de leur activité. Le clavier à double face serait pour le développement de nos deux hémisphères cérébraux un aide autrement puissant que le clavier actuel.

Mais il est incontestable que, malgré cette désagrégation qui se produit par tous les mouvements exécutés sur un plan, l'art consiste précisément à évoquer par cette activité cérébrale, fatalement incomplète, des rapports identiques à ceux qui se produiraient s'il y avait unité d'images linéaires et superposition complémentaire des doigts; c'est-à-dire qu'il faut apprendre à agir comme si chaque main était mentalement complétée par une main conjointe fictive.

La représentation mentale simultanée des doigts complémentaires.

J'avais constaté autrefois que si je cherchais à me représenter simultanément, par exemple, mes deux index maintenus rapprochés, je sentais, pendant cette tentative d'unification de la pensée, mon regard se déplacer, allant d'un doigt à l'autre, d'où je concluais que j'étais réellement incapable de me représenter simultanément les deux doigts.

Depuis que je cherche à développer directement mon cerveau droit à l'aide de la nouvelle orientation communiquée aux attitudes et aux mouvements de ma main gauche, non seulement j'arrive

à me représenter simultanément les doigts correspondants des deux mains, mais je ne puis plus les
concevoir autrement. Dès que je pense à un doigt
d'une main, je sens aussi celui de l'autre; je puis
me les représenter accolés par le bout de la phalangette, comme s'ils étaient inséparables, et cela de
deux façons différentes : je puis, les tenant réellement très écartés, les sentir en fusion directe,
comme si l'espace qui les sépare n'existait pas, ou
comme s'ils s'allongeaient par les deux extrémités
pour se rencontrer au milieu de l'espace qui les
sépare.

*Les quatre orientations différentes de la main
complémentaire et les sensations tactiles et visuelles en écho.*

Nécessairement ces phénomènes tactiles complémentaires sont d'une complexité extrême, non seulement par rapport aux transformations qu'ils
provoquent dans notre activité fonctionnelle, sensorielle et mentale, mais parce qu'il existe en réalité
quatre manières principales de faire correspondre
les doigts des deux mains :

1° En interposant une planchette horizontale entre
les deux mains, on peut, d'une part, établir la position complémentaire juste en tournant la face dorsale de la main droite vers en haut, la face dorsale de
la main gauche vers en bas; d'autre part, on peut
établir la position complémentaire fausse, en tournant la face dorsale de la main gauche vers en haut,
et celle de la main droite vers en bas;

2° En interposant une planchette verticale entre

les deux mains et les avant-bras étendus horizontalement, on peut, d'une part, établir une position complémentaire favorable dans laquelle les pressions des doigts complémentaires s'échelonnent verticalement; d'autre part, on peut, en redressant verticalement les avant-bras, établir une position complémentaire défavorable dans laquelle les pressions des doigts complémentaires s'échelonnent horizontalement.

Dans la position complémentaire horizontale juste, je ne puis pas me représenter un doigt incomplet. Il me suffit de penser à un doigt gauche ou droit quelconque pour provoquer involontairement l'image double avec une précision, une égalité de perception et de sensations frappante.

Mais, dans la position complémentaire horizontale fausse, il n'en est pas de même. Le désir de me représenter le doigt correspondant droit et gauche provoque une espèce de grossissement des deux mains. Tandis qu'elles semblent ainsi se gonfler, l'espace interposé entre les doigts de chaque main et entre les deux mains elles-mêmes, semble animé de petites parcelles sombres à forme indéfinissable qui se repoussent; de sorte que, quoique je sente bien tous les doigts des deux mains, je ne sens aucun lien se former entre eux. Je n'arrive à me représenter visuellement ces doigts correspondants, que par des perceptions et des sensations en écho.

Les mêmes différences se produisent entre les positions complémentaires verticales.

La position verticale favorable que nous venons de signaler fait apparaître les doigts complémentaires dans les représentations visuelles. La position complémentaire défavorable produit les effets inverses, c'est-à-dire des sensations et des perceptions en écho.

Mais une lacune très tranchée s'établit dans toutes les attitudes, complémentaires ou autres, que les deux mains peuvent prendre : on est dans l'impossibilité absolue de se représenter une fusion entre deux doigts qui ne correspondent pas.

Ainsi, après avoir provoqué la fusion intense des sensations complémentaires, le désir de me représenter deux doigts non correspondants produit d'abord une espèce d'obnubilation; on ne sait pas du tout ce qu'on veut; les deux cerveaux sont désunis; ils cher hent à accomplir leur besogne séparément, et lorsque nalement les deux doigts que je cherche à me repr senter prennent forme dans l'imagination, je constate que ces représentations ne peuvent se faire qu'en écho. Ainsi, dans la pensée, les deux doigts ne se rapprochent pas, ils s'ignorent comme les deux hémisphères cérébraux se sont ignorés, lorsque le désir de cette image s'est formulé.

Les associations visuelles des doigts complémentaires émanent sans doute d'un phénomène rythmique, car si le perfectionnement de la vue et de la pensée qui se manifeste par la vue en sens contraire et par la pensée en sens contraire, correspond au rythme, c'est que la vue et la pensée ne circulent librement que par la faculté de voir, de sentir *réuni* ce qui, à nous, paraît *séparé*. Mais cette faculté d'union, *c'est le rythme !*

En effet, le toucher contraire est la révélation de

l'existence d'une mesure superrationnelle, éternellement libre, qui divise l'espace, la matière visible, voire même les phénomènes les plus cachés de notre activité fonctionnelle, sans être divisible pour notre conscience humaine.

Comme nous venons de le reconnaître, il se produit des représentations et des sensations tactiles en écho lorsque les deux hémisphères cérébraux ne sont pas amenés par le caractère complémentaire des attitudes à s'unifier, à se compléter.

Mais précisément, sous les mêmes influences, il se produit, non seulement des représentations visuelles en écho, mais aussi des mouvements en écho. Nous ne voulons ici baser nos recherches que sur cette incoordination des mouvements des deux mains chez le pianiste. Nous les désignons par le terme *mouvements en écho*, quoique, par rapport aux deux mouvements en jeu, c'est *l'avance* de la main gauche qui est inconsciente, et non pas *l'écho* qui suit. Mais, en raison de la déviation involontaire qui s'établit dans les mouvements des deux mains, il se produit réellement comme un effet d'écho, qui ne pourrait être désigné avec justesse par aucun autre terme.

On peut, en somme, admettre que la déviation des attitudes des deux index, aussi bien que les représentations visuelles en écho et les mouvements en écho, correspondent à des troubles rythmiques qui font dévier à la fois les rapports de l'espace dans les attitudes non concordantes, les rapports du temps dans le chemin parcouru par les pensées non concordantes, et les rapports du temps dans le chemin parcouru par les mouvements non concordants.

Les mouvements en écho.

Une des infériorités les plus apparentes du mécanisme des pianistes, c'est l'avance inconsciente des mouvements de la main gauche sur ceux de la main droite ; elle semble se faire, par rapport au temps qui s'écoule entre l'exécution des deux mouvements, avec un retard qui occasionne un effet d'écho.

Chez un organiste de ma connaissance, cet effet d'écho se chiffre par les écarts suivants :

Avances inconscientes de la main gauche obtenues en pressant, à un signal donné, avec un doigt de chaque main sur les membranes d'un appareil enregistreur de Marey :

1re expérience : Avance de 5 centièmes de seconde du pouce gauche sur le pouce droit ;

2e expérience : Avance de 3 centièmes de seconde de l'annulaire gauche sur l'annulaire droit ;

3e expérience : Avance de 4 centièmes de seconde de l'annulaire gauche sur l'index droit ;

4e expérience : Avance de 4 centièmes de seconde de l'auriculaire gauche sur l'index droit ;

5e expérience : Avance de 2 centièmes de seconde de l'index gauche sur l'auriculaire droit.

Il faut noter que si ces différences se produisent même lorsqu'un musicien s'applique spécialement, comme dans ces expériences, à agir des deux mains simultanément, ces défauts s'accusent davantage sous l'influence des préoccupations de l'exécution.

Comme j'ai pu m'en rendre compte, ces mouvements en écho sont en corrélation avec l'orientation des pressions. Car, si les doigts exécutent sur le clavier des séries de pressions vers en bas, allant, par exemple, des pouces aux cinquièmes doigts, les pressions de la main gauche prendront effectivement une avance sur celles de la main droite.

Mais si, ayant les faces palmaires tournées vers en haut, les deux mains sont posées en dessous d'un appui, de façon à ce que les doigts, légèrement courbés, soient tournés vers en haut, cette modification d'orientation changera les relations entre les mouvements des deux mains : dans ces pressions orientées vers en haut, ce sont les pressions de la main droite qui prendront l'avance, et celles de la main gauche se feront en écho.

Comme il s'agit ici de phénomènes relativement délicats, l'observation en sera plus aisée si l'on fait succéder chacune des cinq pressions exécutées simultanément par les doigts droits et gauches, très lentement l'une après l'autre, car on constate ainsi qu'il se forme deux genres d'écho : un écho en quelque sorte *naturel*, et un écho *forcé* ou volontaire. C'est-à-dire que, si les faces dorsales des deux mains sont orientées vers en haut, les pressions étant exécutées vers en bas, ce sont les pressions de la main droite qui donnent l'écho naturel, et celles de la main gauche l'écho forcé qui ne se produit que bien plus tardivement; si, au contraire, les faces dorsales sont orientées vers en bas, les pressions étant exécutées vers en haut, c'est le résultat inverse qui s'établit; c'est dans la main gauche que se localise l'écho naturel, dans la main droite l'écho forcé.

L'orientation de la main complémentaire et les mouvements en écho.

Des changements similaires se produisent dans les deux autres orientations complémentaires. Si étant placé devant une porte ouverte, on allonge horizontalement les bras des deux côtés, de façon à interposer entre eux l'épaisseur du bois, et si l'on redresse ensuite les avant-bras en maintenant les doigts complémentaires strictement juxtaposés en vue d'exécuter des séries de cinq pressions successives, allant des pouces aux 5es doigts dans un alignement horizontal, ces pressions, malgré la position complémentaire des doigts, ne concorderont pas, mais produiront un écho. Et là encore, il semble que les phénomènes se subdivisent; si les séries de pressions s'échelonnent en allant des pouces aux 5es doigts, les pressions de la main droite semblent se faire en écho de celles de la main gauche; si, au contraire, les pressions s'échelonnent en allant des 5es doigts aux pouces, ce sont les pressions de la main gauche qui semblent se faire en écho de celles de la main droite.

Mais tous ces phénomènes non-concordants disparaîtront si, au lieu de redresser l'avant-bras et d'aligner les séries de touchers horizontalement, on laisse les avant-bras étendus horizontalement afin de communiquer aux séries de touchers une orientation verticale, car dans ces conditions la concordance des pressions se reconstitue et les mouvements en écho disparaissent.

Comme ces observations tendent bien à le démontrer, il y a donc réellement non pas une, mais quatre manifestations différentes de la main complémentaire, parce que la transformation fonctionnelle est en corrélation non seulement avec la transformation des attitudes, mais avec celle de l'orientation communiquée à ces attitudes.

Donc, si nos organes nous paraissent d'une complexité de structure extrême, la *structure* des rythmes, infiniment divisibles, répandus dans l'espace, rayonne avec une complexité infiniment supérieure à travers cette structure même. Par rapport à cette action de pénétration, le moindre changement d'orientation d'un de nos organes change en quelque sorte toutes les aptitudes fonctionnelles de cet organe, car, à notre insu, les lois de la pesanteur nous dominent de façon à former l'action complémentaire invisible de toutes nos actions. Comme nous chercherons à le démontrer plus tard, notre organisme lui-même est influencé par le caractère de son orientation qui est susceptible de modifier nos sensations et nos mouvements sous les formes les plus subtiles.

Le toucher complémentaire et les courants rythmiques des pressions.

Cette fusion absolue des pressions constatée dans la fonction complémentaire juste des deux mains n'entraîne pas, comme on pourrait le supposer, une égalité des pressions, mais au contraire une évolution rythmique de vitesse différentielle absolument équivalente.

Ainsi, c'est lorsque les deux mains étant séparées par une planchette horizontale, les doigts droits exécutent leurs pressions vers en bas, les doigts gauches, au contraire, exécutent les leurs vers en haut, que les doigts correspondants des deux mains transmettent des pressions réellement concordantes d'une façon spontanée.

Mais c'est précisément dans ces conditions qu'on perçoit la concordance des courants rythmiques qui s'établissent dans les pressions des deux mains. Ainsi, si au lieu d'échelonner simplement des séries de pressions allant des pouces aux 5es doigts on échelonne, sans interruption, alternativement des pressions allant des pouces aux 5es doigts et des 5es doigts aux pouces, c'est dans la direction allant des 5es aux pouces que la succession des pressions s'accélère, c'est dans la direction allant des pouces aux 5es doigts qu'elle se ralentit. De sorte que, dans les successions de pressions orientées alternativement en sens inverse, tandis que la vitesse maxima est localisée du côté des pouces et des index complémentaires, la vitesse minima est localisée du côté des 4es et 5es doigts complémentaires. Car, comme nous l'avons déjà dit, dans cette attitude complémentaire des deux mains, les pressions s'échelonnent dans les doigts correspondants droits et gauches parrallèlement, de sorte que ces doigts correspondants se changent vraiment en doigts complémentaires, puisque leur ordre de succession fusionne de manière que leurs fonctions deviennent parallèles, comme s'il ne s'agissait réellement que de cinq doigts d'une seule main.

Le toucher complémentaire inverse et les courants
rythmiques inverses.

Mais quoique l'ordre de succession des doigts ne
soit pas modifié, dès qu'établissant la main complémentaire inverse, on oriente dans la superposition
des mains la face dorsale de la main gauche vers en
haut et celle de la main droite vers en bas, on provoque aussitôt un toucher complémentaire en quelque
sorte maladroit, dans lequel les courants rythmiques
s'orientent en sens inverse. Car, dans ces séries de
pressions alternativement orientées en sens inverse,
c'est la vitesse minima qui se localise du côté des
pouces et des index, tandis que c'est la vitesse
maxima qui se localise du côté des 4⁰ˢ et des 5⁰ˢ
doigts.

Il est impossible de constater, à travers un mécanisme tactile très affiné, la finesse extrême des perceptions différentielles qui se forment en raison des
fonctions différentes de ces deux genres de mains
complémentaires, sans songer aux réfractions prismatiques. Ces différences rythmiques apparaissent
comme des réfractions que nous ne dirigeons pas,
mais dont nous pouvons saisir le caractère différentiel à force de fixer notre attention sur les phénomènes qui s'accomplissent ; car l'effort ne consiste
pas à provoquer des courants rythmiques à travers
les positions complémentaires qui en facilitent l'exécution, mais bien dans l'effort mental intense nécessaire pour constater leur existence dans les pressions
exécutées.

Les phénomènes complémentaires de la tension en sens inverse des pouces.

Il est à noter que dans l'orientation complémentaire fausse, où les quatre doigts gauches pressent en bas, tandis que les quatre doigts droits pressent vers le haut, non seulement les pouces perdent toute leur énergie, mais il se produit comme une sensation d'épaississement considérable et corrélativement de raccourcissement des deux pouces. C'est surtout par l'observation de ce phénomène que je suis arrivée à me rendre compte, comme je l'expliquerai par la suite, combien les deux mains et les deux bras se comportent différemment les uns par rapport aux autres, selon l'orientation de leurs positions et de leurs mouvements.

La fausseté de l'orientation concentrique des pressions des quatre doigts gauches et droits entraîne, en effet, comme nous venons de le dire, l'incapacité absolue du pouce gauche de s'étendre vers en bas, pendant que les pressions des quatre doigts gauches se transmettent vers en bas, et l'impossibilité absolue du pouce droit de s'étendre vers en haut pendant que les pressions des quatre doigts droits se transmettent vers en haut. Inutile d'ajouter qu'à l'instant même où l'on ne se représente plus la direction des pressions des quatre doigts correspondants, le pouce reprend sa liberté d'action. Il s'agit ici d'un phénomène de conscience, ce sont ces deux *pensées* des fonctions qui sont inconciliables et non les deux fonctions.

Comme nous l'avons dit, on sent, corrélativement

à cette impuissance, les pouces s'épaissir et se raccourcir, on pourrait même dire qu'on les sent aussi
devenir plus mous, plus faibles et plus obtus.

Mais si l'on établit la justesse de l'orientation
concentrique des pressions en renversant la position
des deux mains, de manière à ce que, sur la planchette horizontale interposée, les doigts droits pressent vers en bas et les doigts gauches vers en haut,
les pouces prennent une élasticité subite ; ils se
tendent si fortement dans le même sens suivant lequel
les pressions des doigts complémentaires se pénètrent, qu'on a l'impression qu'ils s'allongent en directions opposées, tandis qu'auparavant, on avait l'impression qu'ils se raccourcissent en direction opposée.

Le plan central dans les pressions contraires des quatre doigts droits et gauches.

Par la concordance qui s'établit d'une part entre
les pressions dirigées par les quatre doigts gauches
vers en haut et la capacité du pouce gauche de se
tendre de toutes ses forces dans cette même direction en s'allongeant pour ainsi dire ; d'autre part
entre les pressions dirigées par les quatre doigts
droits vers en bas et la capacité du pouce droit de se
tendre de toutes ses forces dans cette direction en
s'allongeant pour ainsi dire, il se produit dans l'attitude complémentaire des deux mains comme un
plan central horizontal. Si l'on supprime la planchette interposée, les pressions des quatre doigts
complémentaires (un index, un médius, un annulaire et un auriculaire) se pénètrent réellement en
sens inverse formant une action double par le

contraste de l'orientation, et à ce plan horizont s'ajoutent deux sommets opposés, les deux pouces, qui eux aussi se tendent en sens opposé, mais sans pouvoir se rencontrer; ils restent sans appui, mais sont néanmoins attirés, l'un vers l'espace en dessous, l'autre vers l'espace au-dessus.

Les deux mains subissent, en effet, comme ces phénomènes le font supposer, des attractions diffé rentes par rapport à la hauteur et la profondeur de l'espace.

Les écartements en hauteur et en profondeur et l'attraction différentielle subie par les deux mains.

Pour expérimenter cette tendance rythmique opposée qui se manifeste dans le caractère de l'écartement et du rapprochement vertical des deux mains, nous procédons de la façon suivante :

Les avant-bras sont écartés horizontalement du corps à la même hauteur que le coude, afin que par un élan en sens contraire il soit aussi aisé d'écarter une main vers le bas, que l'autre vers le haut. On maintient, d'une part, dans chaque main, la phalangette de l'index posée sur celle du pouce formant, par cette superposition, un angle aigu par lequel les deux doigts se prêtent réciproquement appui; on superpose, d'autre part, les deux faces dorsales des pouces en les maintenant croisées. Ce croisement peut se faire de deux façons différentes : dans la position complémentaire juste; dans ce cas, c'est la face dorsale du pouce droit qui est superposée à celle du pouce gauche : dans la position complémentaire fausse; dans ce cas, c'est la superposition opposée qui se produit.

Précisément, la résultante de l'écartement des deux mains, c'est-à-dire le mouvement en retour qui suit cet écartement, prend un caractère très différent selon que je tiens la main gauche au-dessus de la droite, ou la main droite au-dessus de la gauche.

Si c'est la main gauche que je tiens au-dessus, je puis écarter verticalement les deux mains par un fort élan, déployant tout ce que j'ai de force disponible; néanmoins, malgré cette dépense d'effort initial, cet élan sera suivi tout naturellement d'un élan en retour faible par lequel les deux mains se rapprochent en quelque sorte comme elles veulent, car je puis régler cet élan à volonté, il est complètement docile.

Mais si, inversement, je maintiens, dans l'écartement, la main droite au-dessus, la main gauche en dessous, je constate que l'élan initial semble bien se faire avec la même dépense d'effort que dans les observations précédentes, mais qu'une fois cet élan donné, je ne puis éviter qu'il se produise un choc en retour; car malgré moi les deux mains, une fois écartées, *relombent* avec violence l'une vers l'autre, de façon que les quatre doigts alignés claquent les uns contre les autres en se rencontrant.

Le terme employé, les deux mains *relombent*, semble impropre lorsqu'on songe qu'il correspond pour la main gauche à la réalisation d'un mouvement ascendant; ce terme est en réalité néanmoins juste, puisque l'élan qu'elle a acquis dans ce mouvement en retour est bien celui d'un membre qui retombe et ne peut se qualifier autrement. Dans cette disposition complémentaire des mouvements on peut dire que la main gauche s'*élève* en quelque sorte vers en bas, et *retombe* vers en haut par des lois physiologiques qui lui sont propres.

Du reste, cette attraction des mains en sens inverse peut être observée aussi lorsque les élans en sens opposés sont réalisés très doucement, soit par un écartement graduellement ralenti et un rapprochement accéléré, soit par l'orientation rythmique inverse qui est tout aussi aisée. La résultante est, dans ce cas, bien plus intéressante, mais aussi plus difficile à percevoir.

Il se produit effectivement, selon que, dans l'élan initial de l'écartement, la main gauche s'élève ou s'abaisse, dans les rapports des sensations éprouvées par les deux mains, des différences comparables à celles de fils élastiques de qualité plus ou moins résistante. C'est-à-dire que si la main gauche s'élève dans l'élan initial, le lien établi entre les mouvements de va-et-vient des deux mains se fait sans provoquer des sensations rythmiques différentielles; on a beau aller et venir en accélérant et en ralentissant la vitesse, cherchant à analyser les rapports des sensations; ces sensations ne s'assouplissent pas — les mouvements d'une main ne réagissent sur ceux de l'autre que comme à travers une grosse corde peu élastique.

Au contraire, dès que c'est la main droite qui s'élève tandis que la main gauche s'abaisse, l'écartement se fait comme si un lien fluide unissait les deux mains; on sent, par un échange constant, le poids et la vitesse se différencier comme si, tenant réellement des fils élastiques d'une fluidité extraordinaire entre les deux mains, chaque main était renseignée d'une façon absolue sur ce qui doit se passer dans l'autre.

On peut dire que dans cette identification des sensations manuelles, l'éloignement qui a existé entre les deux hémisphères cérébraux lorsque les représentations visuelles, les sensations et les mouvements se sont produits en écho, disparaît. Les deux hémisphères sont reliés comme les deux mains.

Il y a sans doute ici des influences des plus subtiles en jeu, dont on retrouve aussi les effets, notamment, dans les attitudes complémentaires justes où l'abaissement et le redressement des doigts maintenus un peu recourbés, s'effectuent sur une planchette interposée. Car si les doigts complémentaires gauches se redressent en s'abaissant, leurs mouvements prennent un caractère qui contraste avec celui des mouvements ascendants réalisés simultanément par les doigts droits. Il semble que, précisément, de ce contraste (si les phénomènes cérébraux les enregistrent pour la conscience) naisse une harmonie parfaite des déplacements des doigts, dans lesquels on ne sent plus ni impulsion ascendante avec résistance à la pesanteur, ni impulsion descendante avec transmission de la pesanteur : il y a liberté absolue des mouvements en tout sens. On pourrait dire que les mouvements sont transformés comme s'ils étaient transmis dans une autre atmosphère, dans une atmosphère qui fait naître d'autres

processus physiologiques, parce qu'elle fait naître
d'autres processus psychologiques.

Et corrélativement à cette transformation du
redressement et de l'abaissement des doigts, les pressions en sens inverse suggèrent l'idée d'une autre
atmosphère interne; atmosphère aussi différente
de celle qu'on connaissait que l'atmosphère externe
réelle de celle dans laquelle semblent se transmettre
les mouvements en sens inverse.

En somme, sous l'influence de cette forme manuelle
complémentaire, on se sent transformé comme si
n'ayant connu et utilisé que les gros ressorts de son
activité fonctionnelle, on en découvrait de petits qui
soudain dévoilent un perfectionnement ignoré. On
pourrait dire que ce perfectionnement se produit
chaque fois que nos pressions manuelles allant en
hauteur et en profondeur se pénètrent de manière à
faire disparaître dans une certaine mesure de notre
conscience l'idée de distance et l'idée de matière, pour
les remplacer par la conception d'une nouvelle force
qui n'est que mouvement.

On peut certainement reprocher aux idées expo-
sées ici sous une forme bien sommaire, qu'elles sont
toutes écloses du bout de mes doigts : mais c'est dans
cette base physiologique qu'en semble résider la
valeur.

Je me suis fait une éducation spéciale à la
recherche d'une définition scientifique du toucher
musical, mais à mesure que j'avançais dans cette
éducation, ce n'est pas seulement mon toucher
musical mais toutes mes perceptions qui se sont

modifiées. Parce que je suis arrivée à sentir mes deux mains différemment, je touchais et je sentais non seulement différemment, mais je voyais aussi différemment. Je pénétrais pour ainsi dire dans un autre monde interne, à travers lequel le monde externe m'est apparu différent.

Mes idées ne tendent pas vers une philosophie esthétique nouvelle, elles signalent avec une grande insuffisance une vérité physiologique inconnue.

Un jour, peut-être, lorsque par le perfectionnement manuel et, par conséquent, intellectuel, cette vérité sera pratiquement explorée, les philosophies pâliront devant son épanouissement, parce que leurs rêves seront remplacés par des réalités nouvelles plus hautes que ces rêves.

TABLE DES MATIÈRES

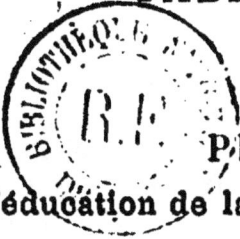

TROISIÈME PARTIE

Le toucher sphérique et le toucher contraire.

CHAPITRE VIII

LE TOUCHER SPHÉRIQUE

CHAPITRE IX

LE TOUCHER CONTRAIRE

ÉVREUX, IMPRIMERIE DE CHARLES HÉRISSEY

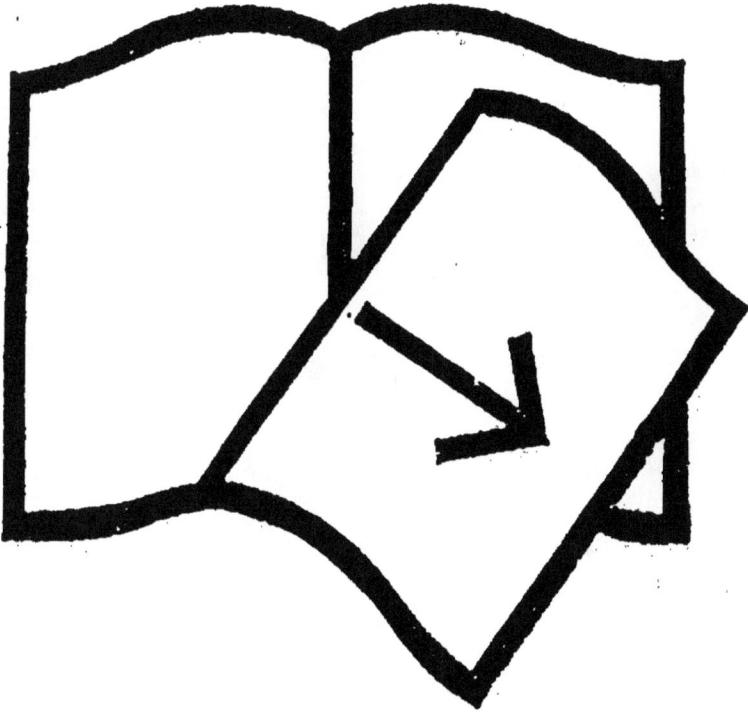

Documents manquants (pages, cahiers...)
NF Z 43-120-13

www.ingramcontent.com/pod-product-compliance
Lightning Source LLC
Chambersburg PA
CBHW072034080426
42733CB00010B/1890